MANIFESTAÇÕES DO SUBLIME
A ARTE RELIGIOSA NA SERRA DA PIEDADE

Editora Appris Ltda.
1.ª Edição - Copyright© 2023 do autor
Direitos de Edição Reservados à Editora Appris Ltda.

Nenhuma parte desta obra poderá ser utilizada indevidamente, sem estar de acordo com a Lei nº 9.610/98. Se incorreções forem encontradas, serão de exclusiva responsabilidade de seus organizadores. Foi realizado o Depósito Legal na Fundação Biblioteca Nacional, de acordo com as Leis nos 10.994, de 14/12/2004, e 12.192, de 14/01/2010.

Catalogação na Fonte
Elaborado por: Josefina A. S. Guedes
Bibliotecária CRB 9/870

T154m 2023	Tambasco, J. C. Vargens Manifestações do Sublime : A Arte Religiosa na Serra da Piedade / J. C. Vargens Tambasco. – 1. ed. – Curitiba : Appris, 2023. 125 p. ; 21 cm. Inclui referências. ISBN 978-65-250-3959-6 1. Arte sacra - Piedade, Serra da (MG). I. Título. CDD – 704.948

Livro de acordo com a normalização técnica da ABNT

Appris editora

Editora e Livraria Appris Ltda.
Av. Manoel Ribas, 2265 – Mercês
Curitiba/PR – CEP: 80810-002
Tel. (41) 3156 - 4731
www.editoraappris.com.br

Printed in Brazil
Impresso no Brasil

J.C. Vargens Tambasco

MANIFESTAÇÕES DO SUBLIME
A ARTE RELIGIOSA NA SERRA DA PIEDADE

FICHA TÉCNICA

EDITORIAL	Augusto Vidal de Andrade Coelho
	Sara C. de Andrade Coelho
COMITÊ EDITORIAL	Marli Caetano
	Andréa Barbosa Gouveia (UFPR)
	Jacques de Lima Ferreira (UP)
	Marilda Aparecida Behrens (PUCPR)
	Ana El Achkar (UNIVERSO/RJ)
	Conrado Moreira Mendes (PUC-MG)
	Eliete Correia dos Santos (UEPB)
	Fabiano Santos (UERJ/IESP)
	Francinete Fernandes de Sousa (UEPB)
	Francisco Carlos Duarte (PUCPR)
	Francisco de Assis (Fiam-Faam, SP, Brasil)
	Juliana Reichert Assunção Tonelli (UEL)
	Maria Aparecida Barbosa (USP)
	Maria Helena Zamora (PUC-Rio)
	Maria Margarida de Andrade (Umack)
	Roque Ismael da Costa Güllich (UFFS)
	Toni Reis (UFPR)
	Valdomiro de Oliveira (UFPR)
	Valério Brusamolin (IFPR)
SUPERVISOR DA PRODUÇÃO	Renata Cristina Lopes Miccelli
ASSESSORIA EDITORIAL	Renata Cristina Lopes Miccelli
REVISÃO	Júlia de Oliveira Rocha
DIAGRAMAÇÃO	Bruno Ferreira Nascimento
CAPA	Mateus Andrade Porfírio

Dedico este livro à memória de minha filha,
Ana Paula Vargens Tambasco,
que tanto colaborou na coleta de materiais para a realização da obra, seja conduzindo não só o nosso veículo entre os estados de Minas Gerais e Rio de Janeiro, mas também sugerindo, fotografando e selecionando várias das fotografias que ilustram estes textos.
Que repouse em paz!
Em Vassouras, no triste 17 de agosto de 2021.

APRESENTAÇÃO

Durante o último quartel do século XVIII, na localidade de Vila Nova da Rainha, Antonio da Silva Bracarena, respeitável e disputado mestre-de-obras da região das Minas Gerais, ultimava com os seus cuidados, a construção da magnífica igreja de Nossa Senhora do Bom Sucesso, mandada construir pela Pia Irmandade do Santíssimo Sacramento, daquela paróquia.

Naqueles mesmos momentos, era apercebida a fatalidade do esgotamento das reservas auríferas das aluviões daquela região, fato erroneamente tomado por muitos dos seus habitantes locais, como um castigo divino, pela impiedade que grassava entre eles.

Houve uma aparição de Nossa Senhora da Piedade, no mais alto das cumeadas, cuja penha majestosa defrontava aquela Vila. O fato foi tido como uma piedosa intervenção da *Mãy Santíssima*, pelos infelizes moradores locais.

Entre os que *"podiam concorrer para obsequiar a Mãy de Deus"* em tais circunstâncias, Antonio da Silva Bracarena o fez com toda a reverência e sensibilidade, ao construir a ermida e o eremitério daquela serra portentosa, a qual viria de ser denominada por Serra da Piedade.

Bracarena foi o primeiro ermitão daquele eremitério, ao qual dedicou todo o seu tempo final de vida, bem como todos os seus haveres. Certamente, ele jamais teria pensado que sua obra se perpetuaria, vindo a se tornar no Santuário Estadual de Nossa Senhora da Piedade[1].

---

[1] Uma história do Santuário de N.ª Sr.ª da Piedade pode ser encontrada em: TAMBASCO, J. C. Vargens. *A Serra e o Santuário*. Belo Horizonte: Terra Editora, 2010.

Bracarena, no afã místico de melhor "*obsequiar a Mãy de Deus*", fez realizar, na ermida, um retábulo em cedro, em cujo nicho central fez alojar-se uma "Pietà", belíssima e comovente obra realizada e por ele contratada ao seu amigo e partícipe da construção da Igreja de N.ª Sr.ª do Bom Sucesso, aquele que viria por ser conhecido como "Aleijadinho".

A ermida é, portanto, dedicada à Nossa Senhora da Piedade, mas tem como copadroeira Santa Bárbara. Muito provavelmente, Bracarena teria honrado Santa Bárbara com uma imagem — menor, para alojar-se em nicho que lhe era reservado — também realizada no ateliê do "Aleijadinho". Porém, tal imagem, se existiu, foi extraviada no tempo.

Em local adequado, em frente à ermida, havia um pequeno sino de bronze, o qual teria cerca de 30 cm. De altura — encimado por um olhal com cerca de 10 cm — e com uma boca de 25 cm, aproximadamente. Esse sino foi mandado fundir por Bracarena e portava a data da sua execução: 1767. Era uma peça artesanal, provavelmente fundida em alguma oficina de manutenção de alguma mineração da região, porque o seu acabamento era grosseiro e não profissional da fabricação de artefatos finos, em bronze. De fato, os acabamentos artísticos das suas bordas externas foram realizados por gravação mecânica, por estampagem. Em seu bojo interno havia um defeito vertical, como se fosse uma fratura, mas que, examinado de perto, evidenciava ser um defeito de fundição da peça, por falta de masselotagem[2] adequada durante a solidificação da peça. A espessura das paredes desse sino era de cerca de 25mm, bastante espessa para a sua altura e diâmetro, o que resultava um som agudo e breve quando acionado o seu badalo; o defeito anteriormente citado não interferia em sua sonoridade.

Em 1883, foram complementadas às obras duas torres sineiras, no edifício original. Monsenhor Domingos Pinheiro foi o responsável pela alteração, imprimida à edificação original, criando o seu perfil atual.

---

[2] É técnica de fundição com a qual se processa o retardamento da solidificação de parte do metal líquido, em um fundido.

O sino, original do tempo de Bracarena, foi instalado na torre do lado direito (a partir do interior da nave, voltados para a porta de entrada) nesta torre — cujo acesso se dá pelo exterior da ermida —, em dezembro de 2000, e foi detidamente examinado por este autor, juntamente ao então reitor do Santuário, o saudoso Padre Virgilio Rezzi. No ano de 2014, em uma das nossas últimas visitas, este sino ainda permanecia naquela torre.

Após Bracarena, uma extensa relação de ermitães cuidou e administrou a História religiosa desse Santuário: Frei Coriolano de Otranto e Frei Luís de Ravena; Padre José Gonçalves; Monsenhor Domingos Pinheiro; Padre Carlos Carmelo de Vasconcelos Motta (como coadjutor de Mons. Domingos Pinheiro).[3] Finalmente, no período de 19 de março de 1949, até o ano 2000, foi reitor do Santuário, Frei Rosário Joffily, o idealizador e executor das grandes transformações tecnológicas, artísticas e humanas ali implantadas, a partir da sua chegada, em 1949 até o seu falecimento, em 25 de agosto de 2000.

Dentre essas transformações, ressaltamos um importante acontecimento, que foi a Proclamação de Nossa Senhora da Piedade como padroeira de Minas Gerais. Ela se deu por meio da Carta Apostólica *Hæret Animus*, do Papa João XXIII, em 20 de novembro de 1958. Em 31 de julho de 1960, realizava-se, em Belo Horizonte, a festiva consagração do Estado de Minas Gerais à Nossa Senhora da Piedade.

Em agosto de 1960, o Departamento Nacional de Estradas de Rodagem terminava a construção da estrada de acesso à Ermida. Estavam, pois, removidos os últimos óbices contendo o pleno desenvolvimento deste Santuário.

Neste texto, abordaremos a contribuição cultural trazida por 224 anos de atividades religiosas, mormente quanto à permanente criação de uma mensagem de intensa fraternidade humana. Entre tantas contribuições, continuadas por meio dos

---

[3] Posteriormente, o celebrado Cardeal Motta, grande amigo do Santuário e responsável pela vinda de Frei Rosario Josillt para esse Santuário.

tempos — todas elas marcadas por notáveis realizações de espíritos pertinazes — buscaremos apresentar uma, em particular, desenvolvida em meio século de trabalhos continuados e solitários porquanto, trabalhos deu m ermitão, Frei Rosário Joffily, com o qual tivemos o privilégio de um relacionamento amistoso e profícuo, entre os anos de 1977 e 2000.

Vassouras/RJ, novembro de 2021.

J. C. Vargens Tambasco

PREFÁCIO

As artes religiosas são dirigidas para promover o louvor e a glória a Deus, guiando os pensamentos dos fiéis e agindo sobre seus sentidos. As obras criadas pela inspiração religiosa transmitem a fé e a piedade que convêm à majestade da casa de Deus. O artista que professa uma fé verdadeira edifica sua obra como um ato próprio de culto e religião, alimentado pelo amor de Deus, colocando seu talento a serviço da Igreja de Jesus Cristo. A obra que surge de um ato de fé inspira fé e devoção.

São João Paulo II escreveu, na solenidade da Páscoa da Ressurreição do ano de 1999, a Carta aos Artistas, e juntamente ao significado divino da vocação artística, expressou a mais completa catequese: "A verdade é que o cristianismo, em virtude do dogma central da encarnação do Verbo de Deus, oferece ao artista um horizonte particularmente rico de motivos de inspiração. Que grande empobrecimento seria para a arte o abandono desse manancial inexaurível que é o Evangelho!".

Em verdade, as artes sacras são entendidas apenas como obras de grande valor financeiro por aqueles que não se comprometem com a fé. Sem a devida devoção, enxergar tamanha beleza apenas materialmente, sem se entregar de coração, faz com que muitos, ainda hoje, questionem as obras de valor cultural, artístico e religioso.

Seguindo a lição de Jesus Cristo, as artes sacras representam boas ações, dirigidas a inspirar a fé pelos sentidos humanos. São obras criadas pelas mãos de artistas inspirados por Deus. Tais obras, de fato, atingem um valor inestimável, mas que não podem ser diminuídas a algo simplesmente comercial.

As artes sacras representam devoção e adoração a Deus. Não há entre a medida dos homens valor suficiente para alcançar a glória de Deus. Não há, portanto, um valor que faça justiça à fé que inspira as obras sagradas.

Ao contemplar uma arte sacra, façamos com a devida devoção, sem nos deixar cegar pelos valores mundanos. Assim nos ensina o Catecismo da Igreja Católica: "A verdadeira arte sacra leva o homem à adoração, à oração e ao amor de Deus, Criador e Salvador, Santo e Santificador" (Catecism, §2502).

Na Constituição Conciliar (*Sacrosanctum Concilium*), o Papa Paulo VI descreve a natureza da arte sacra e as alfaias litúrgicas:

> Entre as mais nobres atividades do espírito humano estão, de pleno direito, as belas artes, e muito especialmente a arte religiosa e o seu mais alto cimo, que é a arte sacra. Elas tendem, por natureza, a exprimir, de algum modo, nas obras saídas das mãos do homem, a infinita beleza de Deus, e estarão mais orientadas para o louvor e glória de Deus, se não tiverem outro fim senão o de conduzir piamente e o mais eficazmente possível, por meio das suas obras, o espírito do homem até Deus. (PAPA PAULO VI).

Nosso querido Brasil possui um grande repertório de artes de nosso passado histórico. A maior parte das edificações desse passado recente ou mais distante, é constituída por edificações dedicadas ao culto ao Senhor da Vida.

Pode não parecer, mas a Arte e as Manifestações do Sublime também fazem parte da nossa vida. De uma bela estátua a pinturas intrigantes, de poemas líricos a músicas encantadoras, ela traduz as origens e conceitos de tudo aquilo que mexe com nossas ideias e emoções, nos conduzindo ao transcendente.

A arte religiosa ou a arte sacra é uma imagem artística que usa inspiração e motivos religiosos, sendo destinada a elevar a mente ao espiritual. A arte sacra envolve as práticas ritualísticas e cultuais, assim como os aspectos práticos e operativos do caminho da realização espiritual dentro da tradição religiosa do artista.

A obra do Dr. José Carlos, nos leva a perceber que a beleza e a arte são questionadoras. Não nos deixam passivos diante da vida, mas exigem sempre mais de nós mesmos na busca e na direção de uma plenitude do ser, ao mesmo tempo em que nos plenificam, nos impulsionam sempre mais para a perfeição. O Sublime e a Arte nos formam e transformam.

A leitura desta obra nos educa pela beleza e refina nossa vontade e inteligência. Abre-nos para a vida e não nos deixa escravos da técnica, da informática, do consumismo. Somos feitos, de forma criativa, senhores e não escravos pelo Sublime e pela Arte. Pela arte podemos contemplar a unidade e a universalidade que ela tem em si, pois ela cria comunhão entre uns e outros e todos passam a falar a mesma língua.

A partir da leitura deste texto, você, como leitor, perceberá que, assim como no processo educativo, a arte cria personalidades equilibradas que geram à sua volta espaços belos, como o Santuário da Serra da Piedade e o seu entorno. A beleza nos educa por inteiro, vai além da razão imediata, tranquiliza os ânimos e chega a nos dar alegria e felicidade.

O Dr. José Carlos Vargens Tambasco, em sua obra *Manifestações do sublime: a arte religiosa na Serra da Piedade*, nos apresenta o verdadeiro sentido da Arte Religiosa e a relação com a nossa religiosidade, trazendo os fundamentos da História da Serra da Piedade e suas impressões.

O autor consegue, em poucas páginas, trazer ao presente os 224 anos de atividades religiosas naquela região magnífica. O Santuário da Serra da Piedade é um dos lugares onde podemos ter a experiência das "Manifestações do Sublime", por meio da arte e da natureza.

Vassouras/RJ
Festa da Imaculada Conceição, 8 de dezembro de 2021

Pe. José Antonio da Silva
Vigário-geral da Diocese de Valença e pároco da Paróquia Nossa Senhora da Conceição. Licenciado em Filosofia e Sociologia; bacharel em Teologia; mestre e doutor em Direito Canônico. Docente de ensino superior. Foi magnífico reitor da Universidade Severino Sombra (atual Universidade de Vassouras), de 2009 a 2010

SIGLAS E ABREVIATURAS

No corpo deste trabalho foram utilizadas várias siglas e abreviaturas de nomes, de instituições públicas e privadas, algumas não mais existentes em nossa atualidade.

Com a finalidade de facilitar ao leitor a plena compreensão do texto, apresentamos, a seguir, em ordem alfabética, uma listagem dessas siglas e abreviaturas, procurando, em alguns casos, aportar esclarecimentos subsidiários.

A	Refere-se ao autor do presente livro
ABM	Associação Brasileira de Metalurgia
ABNT	Associação Brasileira de Normas Técnicas
ARBED	Acieries Réunies de Burbach, Esch, Dudelange (Sociedade Controladora da Companhia Siderúrgica Belgo-Mineira)
BDMG	Banco de Desenvolvimento de Minas Gerais
BNDE	Banco Nacional de Desenvolvimento Econômico (Antecessor do atual BNDES)
CEF	Caixa Econômica Federal
Cedae	Companhia de Águas e Esgotos (E. do Rio de Janeiro)
Cemig	Centrais Elétricas de Minas Gerais (atualmente: Companhia Energética de Minas Gerais)
CFB	Companhia Ferro Brasileiro (extinta em 1991)
CMB	Companhia Metalúrgica Bárbara (extinta em 2000)

CMM	Companhia Mineira de Metalurgia (extinta em 1938)
CSM	Companhia Siderúrgica Mineira (extinta em 1921)
CSBM	Companhia Siderúrgica Belgo-Mineira
CUT	Central Única dos Trabalhadores
DNPM	Departamento Nacional da Produção Mineral
DS	Departamento de Águas e Esgotos de Pernambuco
EFCB	Estrada de Ferro Central do Brasil (sucessora da Estrada de Ferro D. Pedro II)
EFVM	Estrada de Ferro Vitória a Minas
Emop	Escola de Minas de Ouro Preto
Iphan	Instituto do Patrimônio Histórico e Artístico Nacional; anteriormente, Sphan
PT	Partido dos Trabalhadores
SAIN	Sociedade Auxiliadora da Indústria Nacional
Sphan	Serviço do Patrimônio Histórico e Artístico Nacional

SUMÁRIO

INTRODUÇÃO 19

CAPÍTULO 1
AS ARTES E A RELIGIOSIDADE 23

CAPÍTULO 2
A SERRA DA PIEDADE 45

CAPÍTULO 3
AS PRIMEIRAS IMPRESSÕES DE UM VISITANTE 53

CAPÍTULO 4
VISITANDO A ERMIDA E O CLÁUSTRO 63

CAPÍTULO 5
VISITANDO A PRAÇA, A CRIPTA E O CALVÁRIO 81
   Uma palavra sobre a *Casa de Orações* 85
   Retornando à visitação 86
   Visita ao Calvário Monumental 90

CAPÍTULO 6
VISITANDO A IGREJA DAS ROMARIAS 93
   As representações na *Igreja das Romarias* 102

REFERÊNCIAS ICONOGRÁFICAS 113

REFERÊNCIAS 119

INTRODUÇÃO

Kandinsky[4], no seu *Do espiritual na arte*, relembra que toda obra de arte é filha do seu tempo. Cada época, em uma dada civilização, cria uma específica forma de expressão artística, que lhe será própria e que não se verá renascer jamais. Desse modo, qualquer representação de um dado sentir em uma dada época, em estilo próprio dessa época, mas realizada em época posterior, será nada mais que um simulacro.

No campo das artes religiosas, não será diferente, porque... o que poderá ser mais espiritualmente temporal do que um sentimento religioso? Então, ao longo dos tempos, deveremos encontrar representações ingênuas, como aquelas das artes paleocristãs; representações orgulhosas, como nas artes bizantinas; suavemente humildes, como nas artes românicas; pejadas de sentimentos de dor e de culpas, como nas artes góticas; ou pujantes e dominadoras dos espaços, luminosas e decisivas, vitoriosas, como no barroco, repleta que era dos sentimentos oriundos da Contrarreforma.

E então, o que poderemos dizer sobre as manifestações artísticas das gerações que viveram a partir dos anos 1920 até os tempos atuais, os tempos da nossa modernidade?

De forma contundente, percebemos o perpassar dos sentimentos de universalização, na perenidade do ser humano; percebemos uma busca contraditória dessa eternização, na própria pluralização temática, numa espécie de "populismo" das artes.

Quanto à arquitetura religiosa, vê-la seguir essa tendência geral, com o uso extensivo do concreto armado, composta por

---
[4] KANDINSKY, 1991.

grandes superfícies ondulantes, em que as composições parabólicas acabam por conferir-lhes certa leveza material, que induz aos sentimentos espirituais de transcendência. Na escultura, o artista abandona o sentimentalismo das formas clássicas, simplificando-as e suprimindo pormenores, tornando incisivo o objeto, que passa a valer por si, na ânsia de traduzir sentimentos indizíveis.

Na pintura, assim como na gravura, elas se têm apresentado figurativas, não havendo preocupação com a profundidade na descrição do objeto, definindo-o completamente em representação bidimensional, em um só plano. As cores são usadas com discrição, valorizando o convite à introspecção.

As características afloradas nas linhas anteriores, foram realizadas nas obras de arte que viriam a ornar o Santuário da Serra da Piedade, após a grande renovação por ele experimentada, a partir do 10 de outubro de 1956.

Nessa data, após sete anos e sete meses de esforços continuados, o reitor do Santuário obteve o tombamento desse sítio e das edificações que o compunham, realizado pelo Iphan[5], e a pedido da Cúria Metropolitana de Belo Horizonte, proprietária daquele sítio.

Em 1964, encontraríamos o Santuário em plenas atividades de restaurações e planejamento para o seu desenvolvimento. Alcides da Rocha Miranda, arquiteto especializado em arquitetura religiosa e dotado de sensibilidade estética aguçada, privilegiava as formas revolucionárias do modernismo arquitetônico brasileiro, assumindo as responsabilidades do que concernia à arquitetura, atual e futura, daquele Santuário: restauração das antigas construções — agora, tombadas — e projetos das futuras edificações, que já habitavam o imaginário de frei Rosário Joffily, seu reitor.

A sensibilidade artística de Alcides da Rocha Miranda, logo se fez sentir, não só na locação, mas também na composição arquitetônica do *Observatório Astronômico da UFMG*[6] (Hoje,

---

[5] Instituto do Patrimônio Histórico e Artístico Nacional.
[6] TAMBASCO, José Carlos Vargens. O Observatório Astronômico da Piedade. *VARIAHISTÓRIA*: Revista do Departamento de História da Fadich/UFMG, Belo Horizonte, n. 21, mar. 1999.

Observatório Astronômico Frei Rosário), bem como na locação do *Restaurante Panorâmico*, construído simultaneamente à abertura da estrada de acesso ao cume da Serra portentosa. Logo após, surgiria a cruz-ícone, também da inspiração daquele arquiteto e símbolo do Santuário.

Os anos 1970 marcaram o início das fundações da futura *Igreja das Romarias*, cuja locação entre as rochas e sua concepção, tão arrojada quanto singular, são dignas de figurar no catálogo das grandes obras religiosas da atualidade modernista brasileira.

Durante os anos 1980 e nos primeiros anos da década de 1990, o acervo de arte honrando Nossa Senhora da Piedade, cuja aquisição fora orientada por frei Rosário, estava quase completo. Esse acervo foi composto por uma "Pietà", em bronze, com cerca de 1,65 m de altura, de autoria do escultor mineiro Alfredo Ceschiatti; e um conjunto de murais revestidos em azulejos cerâmicos, pintados com cenas descritivas da vida de Jesus, segundo o Evangelho de Lucas, em área de 780 metros quadrados, na altura de 2 metros, criadas e realizadas pelo artista plástico paulista, Cláudio Pastro. Além desses, o artista plástico mineiro, Paulo Schmidt, também se fez presente naquele acervo, com as suas serigrafias sobre azulejos, nas 15 estações de veneração e reflexão, na *Via-Sacra* que o peregrino, e caminheiro, encontra durante a sua subida para o Santuário.

O gosto de frei Rosário pelas pinturas em cerâmicas vitrificadas, manifestou-se, mais uma vez, na atração da artista plástica mineira, Maria Helena Andrès, com a realização de dois conjuntos de painéis cerâmicos esmaltados, aplicados nas paredes de fundo das capelas laterais da Ermida, à esquerda e à direita da nave central. Na primeira, uma bela e inspirada *mandala*, em tonalidades *cambiantes*, a partir de um azul colonial; na outra capela, transformada em Consistório, aplicou-os, a obra de arte, à parede do fundo, a qual tem, ao centro, um Sacrário do final do século XVIII; aqui, a artista criou-se nas da vida de São José, em feliz concepção, e de belo efeito plástico, enriquecendo aquela Ermida.

Serão estes, não mais que alguns tópicos de uma História das Artes que se viu construir na modernidade brasileira: um muito pequeno, mas bem cuidado canteiro no imenso jardim das nossas artes, repleto de flores de rara beleza e inspiração, que merece ser visitado e desfrutado. Por isso, o presente ensaio não será mais que, também, um pequeno guia, para que o leitor possa melhor conhecer e fruir dos encantamentos desse Santuário.

CAPÍTULO 1

AS ARTES E A RELIGIOSIDADE

As criações artísticas, representando um mundo mágico, ou o sacralizando, por meio as imagens dos animais e dos seres humanos, são tão antigas quanto a própria humanidade reunida naqueles pequenos grupos gregários, assim retratados. De fato, para a humanidade primitiva, o espaço em que vivia, era mágico: já, nas cavernas pré-históricas de Lascaux (França) e Altamira (Espanha), entre outras tantas, encontramos essas manifestações da imaginação de um mundo revestidas por uma aura de xamanismos e encantamentos.[7]

Os monumentos arqueológicos deixados pelas civilizações, ao longo da história, constituem-se de representações artísticas que, em cada uma daquelas civilizações, traduziam os seus sentimentos e as suas expectativas com relação às divindades cultuadas. Assim, sejam os baixos-relevos dos muros de Nínive e da porta de Isthar, na Babilônia; sejam as pinturas nas câmaras mortuárias das pirâmides egípcias; sejam os templos gregos, de Atenas; ou nas câmaras mortuárias dos etruscos, ou nos templos romanos, sempre encontramos essas idealizações.[8]

Na medida em que a humanidade evoluía, suas crenças se libertariam dos cultos mágicos e animistas, convergindo para a

---
[7] Ver: ARTE NOS SÉCULOS, 1969, p. 13-33, v. I; DELLUC, Gilles et Brigitte, 1984; BAZIN, 1961, p. 9-18.
[8] Ver: ARTE NOS SÉCULOS, 1969, v. I, passim.

conceituação de um espaço cósmico dualizado: o mundo sagrado separava-se, nítida e decisivamente, daquele natural, ou profano.

No espaço profano, praticar-se-á a observação e as correspondentes reflexões pertinentes, gerando o conhecimento científico e a sua consequente interpretação de mundo. No espaço sagrado, evoluir-se-á em direção às místicas e às crenças monoteístas, bem como ao pensar ético-filosófico. Estes pensares, no mundo Ocidental, estruturadas nas tradições hebraicas, alcançaram o seu importante ponto de transformação, propondo a fraternidade universal, com o cristianismo.

Após as lutas fratricidas, que antecederam a cristianização do Império Romano do Oriente, o cristianismo consolidou-se como religião de Estado; as artes, em consequência, passaram a traduzir as ideologias dominantes, na glorificação do Império e dos imperadores, na qualidade de um poder consentido e, portanto, representando a própria Divindade. Surge, então, um estilo de representação próprio àqueles tempos: o *estilo bizantino*.

Foto 1.1 – Mosaico bizantino em Santa Sofia (Bizâncio); Cristo representado entre os Imperadores Justiniano e Teodora. Referência iconográfica [1]

De fato, predominando desde os tempos do Imperador Justiniano e da Imperatriz Teodora, até a Alta Idade Média, no Ocidente, esta escola foi responsável pelo aparecimento de notáveis obras de arte, dentre elas a belíssima Igreja de Santa Sofia, em Bizâncio (Hoje, Istambul), bem como de toda a sua decoração interna, em mosaicos e ícones, esmaltados ou em técnicas de pintura sobre madeira. No estilo bizantino, os personagens eram retratados hierarquicamente, e o Cristo em particular, com toda a altivez de um Imperado. O exemplo mais notável é o do Cristo, dito o *Pantocrator*, obra do século XI, realizada em mosaico, na ábside da catedral de Cefalù, na província de Palermo, na Sicília (Referência iconográfica [2]).

É uma característica do estilo bizantino, o de representar os personagens retratados de maneira frontal e hierática, com belos coloridos contrastantes, em mosaicos ou em ícones esmaltados sobre cobre, ou pintados sobre madeira.

A execução da obra de arte é submetida a regras muito precisas, tanto para a sua execução, como a de representação: tudo deve visar ao desenvolvimento, no observador, de um sentimento de pequenez e de impotência, coma consequente necessidade da proteção individual, a qual seria realizada pelo personagem representado, fosse ele o Cristo, ou o Imperador. Tal objetivo é francamente observado em mosaico na Igreja de Santa Sofia (Foto1.1), em que Cristo aparece representado entre os imperadores Justiniano e Teodora. Compreende-se, pois, que a arte gerada no Império Romano do Oriente buscava fixar ideias sociais de sujeição e de dependência aos imperadores. E, reforçando essa ideia de sujeição, essa arte apresentava os imperadores como sendo autoridades consentidas pela Divindade, e reconhecida pelo Cristo; por isso, nessa representação, o Cristo, em toda a sua majestade, é dito o *Pantocrator*, enquanto os imperadores são ditos *Autocratas* (Ver referência iconográfica [2]).

Encontramos, então, a origem da prática medieval, adotada no Império Romano do Ocidente, dos Papas (ou, os Arcebispos) coroarem os reis e imperadores. A cerimônia reafirmava o entendimento do *Consentimento Divino*, àqueles reis. Embora essa tradição tenha sido quebrada, na França, na coroação de Napoleão Bonaparte, ela permanece até os nossos dias, praticada na Inglaterra, onde os reis são coroados pelo Arcebispo anglicano, na catedral de Westminister.

Compreendemos, então, que o estilo bizantino de arte religiosa não poderia produzir nenhuma arte do gênero de uma *Pietà*, ou de uma *Veneração*, embora tenha produzido obras de exaltação religiosa de rara beleza. Em vista da própria ideologia desta "escola", digna de nota é a representação do Cristo, mas agora, entregando a San Vitale a coroado martírio. É, esta, uma representação em mosaico, na ábside dessa igreja, em Ravena, Itália, no século VI d.C. Certamente, ela foi realizada após o êxodo dos artistas bizantinos, quando da "*Revolta dos Iconoclastas*", em Bizâncio, mostrando uma nova tendência da representação do Cristo, com a valorização do martírio, em nome da Fé.[9]

Não seria pensável a representação de um Cristo que não fosse vitorioso, sempre vitorioso!, como deveriam ser os imperadores de Bizâncio (foto 1. 2).

---

[9] Ver: ARTE NOS SÉCULOS, 1969, p. 323, fl. 120, v. II.

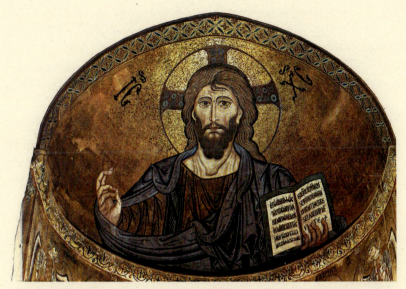

Foto 1. 2 – G. Pischel. *O Pantocrator*. p. 30. Mosaico no domo da Igreja de Cefalù. Referência iconográfica [2]

Rigorosamente contrárias àquelas, eram as ideias que se desenvolveriam no Império Romano do Ocidente, nos períodos *Românico e Gótico*. Nesses períodos estéticos, a arquitetura religiosa, evoluindo para as formas elegantemente naturais, era complementada por esculturas em pedras, com altos impactos emotivos.

Tudo indicava uma evolução de sentimentos, vindo culminar no pensamento humanístico, finalmente desabrochando durante o *Renascimento*. Respirava-se, então, as artes humanizadas, tal como, anteriormente, a pintura do período românico.

No Ocidente cristão, as artes religiosas têm, nas representações denominadas *"Pietà"* e *"Veneração"*, temas da mais elevada significação, na expressão do transbordamento, seja da fé dos seus crentes, seja da virtualidade do amor ao próximo: tais sentimentos são manifestados na compaixão e na misericórdia, despertados e conduzindo à reflexão aprofundada, naqueles que as contemplem.

Modernamente, as denominações *"Pietà"* e *"Veneração"*, por razões metodológicas e didáticas, são aplicadas para a análise de um conjunto de obras com semelhanças temáticas, mas impregnadas de ideologias várias, oriundas de diversos estilos de representações. O vocábulo *Pietà*, da língua italiana, quando traduzido para o português, é expresso pela palavra *piedade*. Este vocábulo tem extensa gama de significados: **devoção amorosa às coisas religiosas; virtude que permite devoção a Deus, e o culto que Lhe é devido; compaixão pelo sofrimento alheio; comiseração; misericórdia,** entre outros significados correlatos. Em particular, no amplo campo das artes religiosas, uma *Pietà* tornou-se designação de especial forma de representação de passagens bíblicas marcantes, entre as tradições cristãs. De modo geral, e reiteradamente, tem-se representado Jesus em momentos do seu martírio; Jesus sendo escarnecido; Jesus crucificado; Jesus sendo descido da cruz; Jesus repousando, morto e entre os braços de Maria.

Contudo, houve momentos estéticos em que Jesus foi representado em situações antecedendo o Seu martírio, embora tais situações estivessem intrinsecamente ligadas ao martírio posterior. Na iconografia religiosa da Europa Ocidental, contamos com cerca de 270 obras versando sobre essa temática, as quais se apresentam, recorrentemente, em todas as escolas de representações artísticas, sejam na forma de esculturas, de pinturas, ou de vitrais. Em particular, citaremos o interessante *Cristo em meditação*, estatuária românica do século XIII, obra originada na piedade dos primeiros cristãos norugueses. Trata-se de uma *Pietà*, de autor desconhecido, esculpida em madeira, pintada, estimada com cerca de 40 cm de altura; pertence ao acervo da Igreja católica de Urmês, Noruega. Esta é a primeira *Pietà* de que temos notícia, na História das Artes (Referência iconográfica [2]).

Conceituamos o que se entende por *"Pietà"* e *"Veneração"*. Contudo, o conceito deve ser ampliado: a obra será uma *"Pietà"*, se o seu objeto for centrado em Jesus morto, depositado nos braços de Maria, outros personagens podendo ser representados, mas sempre em segundo plano, e desde que estivessem diretamente relacionados com o martírio, tais como Maria Madalena, João ou Nicodemos, ou ainda, José de Arimateia.

Caso o objetivo da obra seja o de representar um grupo de apóstolos em atitude reverente à morte de Jesus, ainda na cruz, ou sendo dela retirado, em qualquer dos casos transmitindo toda a dor e soledade de Sua mãe, tratar-se-ia de uma *"Veneração"*. Exemplos de *"Veneração" e "Pietà"* já podem ser apreciados, como no belo afresco de Giotto, *"A Deposição"*, realizado na capela dos *Scrovegni*, em Pádua (Itália); da mesma forma, na pintura conhecida como a *"Pietà de Avignon"*, obra de autor desconhecido, e acervo do Museu do Louvre, em Paris.[10]

A *"Pietà"*, como tema para a representação do dom que Jesus faz de Sua vida, surgiu durante o século XII, entre artistas europeus ocidentais. Estes, recebendo as influências germânicas oriundas das *oficinas de artes* do Império Carolíngio, terminaram por gerar o estilo **românico**: uma reação evolutiva ao estilo **bizantino**. Dessa mesma forma, surgiu a *"Veneração"*.

As ideias gerando o estilo *Românico* tinham como propósito induzir o crente à contemplação amorosa; exaltar a vida interior, antes de tudo, levando o fiel a meditar, de forma participativa, sobre o piedoso sofrimento do Cristo crucificado, e de Maria, ao receber em seus braços o filho morto, descido da cruz. Para o artista românico, havia a necessidade de representar esses eventos com movimentos espaciais, e sugestivos, dos seus personagens, mas esses efeitos eram impossíveis de serem obtidos na fixidez das representações no estilo bizantino. Porém, aos artistas românicos, não lhes era essencial o colorido vivo e contrastante que o artista bizantino empregava: a modulação dos movimentos dos personagens, comunicando à obra um realismo natural, observado no mundo que os envolvia, era o que se tornava essencial.

---

[10] PISCHEL, 1972, p. 108, v. I; ver também: Enciclopédia dos Museus, Louvre (Paris), p. 77.

O exemplo citado anteriormente, da *"Deposição"*, de Giotto, em Pádua (Itália), é um belo exemplo de obra **românica**, em transição para o **gótico**; também, a *"Pietà de Avignon"* é outro magnífico exemplo dessa arte, em um período de transição entre aqueles estilos.

A evolução do estilo românico para o estilo gótico, no qual o artista procurava dar um realismo intenso à figura humana, não hesitando mesmo em representá-la contorcida e com angústia estampada nas suas fisionomias; representavam, assim, o sofrimento humano. Com tudo isso, a pintura continuava plana e sem profundidade e, para sugerir o movimento, o artista gótico o fazia por meio do drapejado das vestes, bem como das posturas, sempre eloquentes, assumidas por seus personagens.

Contudo, foi na estatuária e na arquitetura religiosas que a arte gótica se notabilizou, em particular nas catedrais que se lançavam em uma verticalidade vertiginosa, bem como na sua estatuária decorativa, transmitindo aos fiéis a eloquência da Divindade. Se desenvolvendo do século XIII ao século XV, a arte gótica, a partir do último quartel desse século, se vê influenciada pelas novas técnicas dos pintores florentinos, que vão conduzi-la às atitudes estéticas caracterizando o *Renascimento*.

No decurso do período Gótico e no início do *Renascimento*, o uso do tema da deposição de Jesus nos braços de Maria foi largamente usado pelos seus artistas. Essa continuidade evidencia a busca de um elevado nível de emotividade transmitido aos fiéis e, para tanto, o emprego das técnicas mais requintadas, desenvolvidas pelos seus artistas, tal como realizado na *Pietà* de Cosmè Tura, datada dos entornos de 1450 e reproduzida na Foto 1. 3, a seguir:

Foto 1. 3 – Pietà. CosmèTura. Datação: 1450. Referência iconográfica [3].

Trata-se de um retábulo no qual a expressividade atinge um ápice, bem como o apelo ao imaginário do observador, como poderá ser constatado por meio da Referência Iconográfica [3]. Nesse retábulo, o artista desenvolve características próprias, de alta dramaticidade, não só nas representações de Jesus, mas também de Maria; compõe fisionomias atormentadas pelo sofrimento, e o corpo retorcido de Jesus complementa a densidade dramática da obra, ainda realçada com cores austeras, que também despertam sentimentos de angústia nos observadores. Ampliando essa dramaticidade — e agora, em atitude estética altamente simbolista, tocando no imaginário desse mesmo expectador — o artista representa, à esquerda e no alto, em uma árvore da flora local, sentado em um dos seus galhos, uma figura grotesca, que não é um símio, nem um ser humano: certamente, e segundo as concepções da época, o artista representou uma figura demoníaca, sorrindo na contemplação da sua aparente vitória. Contudo, a vitória da cristandade está representada no fundo da cena, com o esboço de uma catedral gótica, reconhecível pela cruz latina que ostenta em uma das suas torres frontais.

Embora a temática continue sendo o do descimento da cruz, com Rogier Van Der Weyden, entre 1440 e 1450, há evoluções nas técnicas da pintura, bem como nos cenários, denotando a aproximação do renascimento: um uso tímido e limitado das técnicas de perspectiva e o uso de um cenário de um calvário rochoso e agreste, tudo contrastando com as representações góticas, de Jesus e Maria, dramáticos, sem dúvidas, mas não atormentados: Jesus, despojado e com fisionomia serena, enquanto Maria, se apresentando vestida à moda medieval, também apresenta fisionomia digna no seu sofrimento; tudo indicando que, se o artista ainda se encontrava prisioneiro do estilo gótico de representação, também se libertava dele, evoluindo para o *Renascimento*. Tal é o que constatamos na Foto 1. 4, descrita na Referência Iconográfica [4].

Outro exemplo de representação artística na transição do gótico para o Renascimento, é encontrado na *Pietà*, de autoria de Piero Peruggino, provavelmente realizada em torno do ano de 1493. A representação do corpo de Jesus, hirto e apoiado no colo de Maria, tem sua cabeça e os pés apoiados por João, o Evangelista, e por Madalena; atrás de Madalena, se encontra José de Arimatéia; atrás do Evangelista, encontra-se Nicodemos. A representação é dramática, mas sem as feições contorcidas e sofredoras, características do gótico em períodos anteriores; ao contrário, as feições do Cristo são serenas, bem como as de Maria, com olhar triste e resignado. Da mesma forma, são representados os demais personagens. No fundo, uma arquitetura renascentista, denunciada pelo arco pleno, justifica o efeito da iluminação, agindo obliquamente, de alto a baixo e de trás para frente. A composição foi desenvolvida em plano e elevação, sem profundidade, também à maneira do estilo gótico. A composição é estruturada com equilíbrio de massas nas duas extremidades, deixando que a atenção do espectador se volte para o tema central: Jesus e Maria. Contudo, a rigidez cadavérica dada ao corpo de Jesus é artificial, como se, morto na cruz, ele houvesse passado uma noite gélida, exposto às intempéries.

Foto 1. 4 – Pietà, por Rogier Van der Weiden. Datação: 1440-1450. Referência Iconográfica [4].

Não obstante, os posicionamentos das suas mãos, bem como o suave arqueado do seu braço e mão direita, contrastam com a rigidez excessiva do corpo; este exagero atribuímos ao desejo do artista em conferir a maior dramaticidade possível à cena, inclusive valorizando a exposição das chagas infligidas ao Seu corpo. A referência iconográfica [5] mostra esses detalhes.

Foi lenta e progressiva a transição do estilo gótico para o renascentista.

Foto 1. 5 – Pietà, de Piero Perugino. Datação provável: 1492. Referência Iconográfica [5].

Percebemos, por outro lado, que a busca do realismo pelos artistas do gótico, produzia quase que um "expressionismo antes da sua época", uma emotividade exacerbada, cedendo lugar à recuperação da expressividade clássica, o que ocorreria no estilo renascentista. Este fato é particularmente visível durante os últimos anos do período gótico, quando traços fortíssimos do novo estilo se anunciam, aparecendo com as novas soluções estilísticas, o que lhes conferia maior dramaticidade.

A partir do século XV, a pintura renascentista torna-se marcada pelas técnicas das perspectivas e da iluminação diferenciada, visando à representação a mais real possível dos eventos retratados. Se a sua temática continuava apoiada nos grandes eventos bíblicos, a forma tornava-se influenciada pela redescoberta dos valores clássicos greco-romanos: perfeição dos corpos e a solenidade do gestual passam a predominar. Além disso, torna-se em uma preocupação do artista, a sobriedade na expressão dos sentimentos retratados.

Mais que na pintura, será na escultura que a sublimidade da criação artística se revelará. Representando o tema da deposição de Jesus sobre os joelhos de Maria, o Renascimento gerou algumas das mais belas expressões emotivas da piedade e da fé cristãs.

Ocorreram acesos debates no campo teológico, bem como no seio da Igreja Católica, os quais procuravam fixar doutrinas que provinham do *Cristianismo Primitivo*.

Essas doutrinas atendiam à dogmatização da doutrina sobre a Imaculada Conceição, bem como a da doutrina mariana que considerava "Maria, Mãe de Jesus e da Igreja". E, por consequência, "Mãe de todos os cristãos". O artista renascentista, impregnado desse debate e profundamente envolvido com a expansão do culto mariano, que postulava: "Maria, com o filho amantíssimo, morto" (Novo Testamento: João 19; 26-27). Por isso tudo, Maria seria representada não só como a Mãe Divina, mas também como mãe plena de humanidade. Por esse motivo há a imagem do Filho posto em Seu colo; e no Seu rosto, a expressão de saudade e da **soledade**, ainda sem ter compreendido a missão divina do Seu filho...

Essa temática tornou-se, também, o objeto da obra de arte: apenas os dois personagens-objetos são representados, e a sós... Também na estatuária essa postura estética ocorreria — e com muito vigor — como demonstra a notável peça escultural da *Pietà* em madeira pintada, de autor desconhecido e datada do fim do "Quatrocento" espanhol. Essa escultura, com fortes influências da "escola flamenga", está depositada na Catedral de Barcelona, na Espanha. Enfim, o conjunto é um belo exemplo da transição de estilos artísticos, em uma época de efervescência intelectual e pode ser vista na referência iconográfica [6].

Foto 1. 6 – Pietà esculpida em madeira, autor desconhecido, do "Quatrocento" espanhol... Obra do acervo da Catedral de Barcelona. Referência iconográfica [6].

Em fins da década de 1490, entre as últimas manifestações do gótico e das experiências florentinas, explodirá a arte renascentista em Michelangelo: *"LaPietà"*, que é mostrada na Foto 1. 7, com referência iconográfica [9], reproduzida a seguir:

Foto 1. 7 – *La Pietà*, de Michelangelo. Datação: 1499. Obra de juventude, em mármore polido. Acervo da Capela Sistina. Referência iconográfica [7]

    O ano da realização dessa obra é 1499 e a escultura foi realizada em mármore polido. Ela emociona a quem a admira. É das mais conhecidas e comentadas obras de estatuária de todos os tempos. É obra da juventude de Michelangelo, pois ele contava com 23 anos de vida quando a realizou.

    O realismo das imagens, características do renascimento, é observado no drapejado das vestes e, principalmente, na anatomia do corpo de Jesus, com o delineamento de sua musculatura e veias. A genialidade do artista se revela no tratamento da figura de Maria, em que lhe é dada uma fisionomia de uma jovem mãe florentina, cuja docilidade fisionômica contrasta com o drama representado. Sente-se, mesmo, que Maria estaria pensando: "Seja feita a Sua vontade, Senhor!".

    Será instigante lançarmos um olhar crítico para outras *Pietà*, também esculpidas por Michelangelo, sobremodo as duas últimas, em sua velhice. Se as compararmos com "*LaPietà*", perceberemos a evolução do seu pensar artístico e da sua visão de mundo.

De fato, na *Pierà*, cuja execução é datada de 1547, descrita na referência iconográfica [9], percebemos ser ela uma composição dos seus anos maduros; de fato, ao contrário de em *"La Pietà"*, os sentimentos marianos haviam sido superados e a plena humanidade das representações voltava a dominar. Nessa obra, ele inclui novos personagens, colocando um alto nível de emoções em todos eles, diante da morte de Cristo. Seja em Nicodemos, seja em Madalena, seja em Maria, as emoções afloram. Talvez, menos pelas suas convicções filosóficas de então — o Platonismo — que pela sua real aproximação da morte: na provecta idade em que se encontrava, ele dava um tão inesperado tratamento ao tema; ainda mais, em reforço a essa aproximação, dizem os seus analistas, que Michelangelo criou, em Nicodemos, a sua auto efígie... Que se registre o detalhe, face à versão de que, essa obra, Michelangelo a fizera para ornar o seu próprio túmulo!

Foto 1. 8 – Pietà. Michelangelo. Datação: 1547. Referência iconográfica [8]

Na realidade, houve a venda dessa obra para um terceiro, e o artista passou a dedicar-se à sua última escultura, a conhecida *Pietà Rondanini*. A *Pietà Rondanini* foi iniciada em 1555, em mármore, mas ficou inacabada. Hoje pertence ao acervo do Museu Cívico do Castelo Sforza, em Milão, Itália (ver a referência iconográfica [9]). Em fevereiro de 1564, o artista morria, razão porque também se diz que Michelangelo afazia para ornar o seu túmulo.

Foto 1. 9 – A Pietà Rondani. Obra derradeira de Michelangelo. Datação: 1555. Referência iconográfica [9]

A interpretação anterior, sobre a *Pietà Rondanini*, também é devida à espiritualidade crescente, em que o artista imergira em seus últimos anos de vida. A obra, em mármore, é inacabada, apresentando várias marcas do cinzel que a esculpia. Por essa razão, surgiram várias análises críticas sobre como a obra teria sido orientada, bem como da sua feitura. É fato que, pelo menos, três grandes mudanças em seu estilo teriam sido realizadas, antes do desaparecimento do auto. Julgamentos críticos à parte, a verticalidade do grupo, associada à idade provecta de Michelangelo, leva os seus analistas a cogitarem sobre o pensamento diretor do artista, ao planejar a obra: não mais a compaixão, como na deposição da cruz, como já o fizera anteriormente; agora, era a *Ressurreição e a vida eterna*... Maria, sem esforço físico aparente (por que ajudada pelos anjos?), diz-lhe ao ouvido: "Levanta-te, meu filho! Alhures, o mundo espera por Ti, para a reafirmação e a continuação da "Obra do Pai!".

Contudo, um novo estilo se anuncia, em fins do século XVI: a Contrarreforma traria, no seu bojo, novas atitudes estéticas na arte religiosa: o estilo **barroco**, o qual se afirmou como o mais renovador e inspirador.

No Brasil, o estilo **barroco** foi trazido pelos jesuítas e floresceu em suas igrejas da Bahia, Pernambuco e Rio de Janeiro. Em Minas Gerais, o século XVIII foi riquíssimo em manifestações artísticas barrocas, seja na música, seja na arquitetura, na pintura e na escultura. Ali pontificaram compositores como os padres Nunes Garcia e Lobo de Mesquita; os mestres-de-obras Manoel Francisco Lisboa e Miguel Gonçalves de Oliveira; o pintor, mestre Ataíde e o escultor Antonio Francisco Lisboa (*Aleijadinho*). A música sacra daquela época é, ainda hoje, executada em São João Del Rei, durante as cerimônias da Semana Santa, em ambiente arquitetônico ornado das obras dos mestres Ataíde e *Aleijadinho*, entre outros.

Aqui, esse estilo foi dito um "barroco tardio". Tardio porque, pelas distâncias que isolavam aquela província dos centros coloniais, esse barroco tornou-se dotado de aspectos muito próprios, que o diferenciou das estéticas europeias. Na pintura, o barroco se caracterizou pela representação realista dos personagens representados; com o emprego pleno das técnicas da perspectiva, comunicando às telas uma profundidade até então inusitada; a iluminação diferenciada, com cores vibrantes e o uso do claro-escuro como elemento, despertando emoções incontidas. Na arquitetura, as grandes verticalidades das construções em cantaria, associadas às superfícies curvas — também verticais — com a profusão de ornatos, de entalhes graciosos. A escultura, em pedra-sabão ou em madeira, tem como traço marcante a projeção de posturas firmes e decididas, ao lado de emoções fortes e incontidas.

A cidade mineira de Caeté, centro aurífero que era nos meados do século XVIII, viveu parte importante desse ciclo estético: nela, foi erigida a primeira igreja, em cantaria e no estilo barroco, projetada em Minas Gerais. A arquitetura dessa igreja — Nossa Senhora do Bonsucesso e São Caetano — foi da autoria de Manuel Francisco Lisboa e, durante cerca de quatro anos, ali trabalhou o jovem Antonio Francisco Lisboa — então com 18 anos — como "*fiel garantidor do traço de seu pai*", àquela obra (Ver Foto 1. 10).

Foto 1. 10 – Igreja de N.ª Sr.ª do Bom Sucesso e São Caetano. Caeté – MG. Obra do séc. XVIII. Primeira igreja construída com técnica de cantaria, em Minas Gerais. Referência iconográfica [10]

A função de "*fiel garantidor*" era comum naquela época, quando o projetista não podia acompanhar de perto a realização do seu projeto. Aquela função era exercida por alguém possuindo sensibilidade arquitetônica e artística, dando soluções convenientes aos problemas construtivos que sempre surgem nas obras daquele porte, sem as desvirtuarem em sua essência.

Também foi durante o período dessa construção que o gênio de escultor e entalhador, de Antonio Francisco Lisboa, desabrochou: nos altares laterais daquela igreja, a imagem de Santa Lucia (Disposta no altar de São Francisco de Paula), além de inúmeras cabeças de anjos que compõem estes altares, saíram da sua lavra, realizadas seu ateliê em Caeté, segundo nos informa Germain Bazin.[11]

Da mesma forma, foi naquela mesma igreja que, pela vez primeira, Antonio Francisco Lisboa foi contratado como entalhador. Fez tal contratação então "mestre de entalhes", Antonio Coelho de Noronha, contratando-o para realizar a decoração, em talha dourada, daquele templo. A construção desse templo, em alvenaria, foi dirigida pelo *mestre de cantaria*, Antonio da Silva Bracarena[12] quem, pouco tempo após o término dessa obra, dedicou-se, com todos os seus bens e recursos, à criação de uma trilha de acesso ao cume da Serra da Piedade, fronteiriça àquela Vila, onde construiu uma ermida e um monastério, em honra de Nossa Senhora da Piedade e Santa Bárbara, hoje constituindo o Santuário Estadual de Nossa Senhora da Piedade.

---

[11] BAZIN, 1971, p. 299.
[12] O sobrenome "Bracarena" foi adotado por Antonio da Silva, para distingui-lo de outros homônimos, que eram muitos. Bracarena era o nome da prelazia, próxima de Lisboa, onde Antonio da Silva nascera.

CAPÍTULO 2

A SERRA DA PIEDADE

Situada na região central do Estado de Minas Gerais, a Serra da Piedade é parte de um conjunto alcantilado de serranias, formando o sistema orográfico conhecido como a *Serra do Espinhaço*.

Na borda Oeste desse sistema orográfico, logo após ultrapassarmos a cidade de Belo Horizonte, tal como se fosse uma verdadeira linha demarcatória, encontramos uma estreita zona limítrofe, considerada pelos naturalistas uma *Linha de Tensão Ecológica*, delimitando dois sistemas de vegetações dominando aquelas regiões: os *Cerrados*, que lhe ficam à Oeste, e a *Mata Atlântica*, à Leste, e que ali parecem disputar o espaço geográfico. Ao longo dessa linha singular, se estendem as elevações formando a *Serra do Curral*, borda Oeste do sistema do Espinhaço.

A Serra do Curral participa desse sistema orográfico, cujas elevações têm início a Sudoeste da cidade de Belo Horizonte, nas proximidades de Itaúna; toma a direção geral Sudoeste-Nordeste, estendendo-se por perto de noventa e cinco quilômetros, até o município de Caeté, atravessando-o em seu extremo Norte. Nessa extremidade, com os picos mais elevados desse sistema, atingindo 1.746 metros acima do nível do mar, ela toma o nome de Serra da Piedade, logo seguida pela Serra da Descoberta, aí findando este ramo do sistema.

Nesse longo percurso, esse complexo de serranias recebe várias denominações locais, relativamente recentes, todas surgidas entre meados do século XVIII e início do século XIX: *Serra do Itatiaiuçú, Serra Azul, Fecho do Funil, Três Irmãos, Serra do Rola-Moça, Serra da Mutuca, Serra do Curral, Serrado Taquaril, Serra da Piedade* e, finalmente, *Serrada Descoberta*, estas duas últimas, ainda em Caeté.

A denominação Serra da Piedade, de todas, foi a mais tardia, datando muito provavelmente dos idos de 1810, quando a fama de *Irmã Germana* — taumaturga de nomeada, que ali residiu até 1840 — se espalhou por toda aquela região, determinando uma afluência sem precedentes à ermida e ao eremitério de Nossa Senhora da Piedade, ali construídos e recebendo romeiros desde 1767.

Naquele século XVIII, esta era região produtora de ouro e local de sacralidades! Finalmente, veio de transformar-se em símbolo da religiosidade do povo mineiro, induzida a partir de uma teofania ali ocorrida, em meados do século XVIII, durante o período da decadência da mineração do ouro: uma sequência de aparições de Nossa Senhora da Piedade, naquele cume. A seguir, e em consequência, a piedade de uma grande alma — o mestre-de-obras Antonio da Silva Bracarena — quem viria de ser o seu primeiro ermitão — fez ali construir uma ermida e um eremitério: "Para a maior glória da Mãe do Cristo" — disse ele — a qual se dignara a, naquele local, trazer alento ao povo sofrido e aos desesperançados mineradores.[13]

Em nossa atualidade, o Santuário de Nossa Senhora da Piedade se encontra tão integrado à cultura e à religiosidade do povo mineiro que, em 31 de julho de 1960, com a consagração do Estado de Minas Gerais ao patronato de Nossa Senhora da Piedade, o Santuário da Serra da Piedade viria a se tornar em Santuário Estadual, o que ocorreu durante a primeira década do século XXI.

---

[13] Segundo as palavras de Antonio da Silva Bracarena, em petição a El-Rei. Uma história do Santuário de Nossa Senhora da Piedade foi apresentada em: TAMBASCO, J. C. V. *A Serra e o Santuário*. Belo Horizonte: Terra Editora, 2010. Era uma aparição em momento de grande desalento, em momento da decadência da mineração aurífera.

Possuindo um subsolo intensamente mineralizado, a região foi, no passado, muito rica em ouro. Em fins do século XIX, descobriu-se rica em caulim, tornando-se sede de uma das primeiras indústrias cerâmicas de Minas Gerais, e que também foi a primeira fábrica, no Brasil, de produtos refratários para uso em fornos siderúrgicos e fornalhas de navios e de locomotivas, bem como para outras atividades industriais. Entre a segunda e a última década do século XX; na região de Caeté, também foi explorado o minério de ferro, utilizado em várias usinas siderúrgicas, a carvão vegetal, que sediou MP no entorno de Belo Horizonte.

A região de Caeté goza das condições climáticas características de áreas subequatoriais, com modificações de altitudes. A pluviosidade é de regime intenso, com médias de precipitações anuais de 1600 mm, a estação das chuvas se estende de novembro a fevereiro. As temperaturas médias diárias oscilam entre 6º C, nos meses frios, até 18º C nos meses quentes; a insolação média é superior a 2000 horas de sol no correr do ano; estes fatores climáticos, por si, explicam o intemperismo exacerbado agindo sobre as rochas aflorantes dessa região que, por isso mesmo, apresentam aspectos tão característicos.

A Serra da Piedade se constitui em exemplo notável dessa natureza caprichosa: a seguir, na Foto 2.1, há uma reprodução do quadro do artista caeteense José Custódio Caldeira, que retratou a Serra Portentosa, vista a partir de um ponto elevado, na entrada do bairro de José Brandão, em Caeté.

Foto 2. 1 – Vista da Serra da Piedade (Lado Sul) – Reprodução em óleo sobre tela do artista caeteense José Custódio Caldeira (1995). Referência iconográfica [11]

Na Foto 2. 2, vemos um aspecto das rochas, caprichosamente talhadas pelas intempéries, no platô ao nível da Ermida; nessa foto, à esquerda, percebemos uma delgada cruz latina, que se alça no espaço amplo: é a mesma cruz que se encontra implantada ao lado do Vestíbulo da *Igreja das Romarias*, situada em nível cerca de 20 metros abaixo do primeiro platô, e sobre a qual falaremos em capítulo específico.

MANIFESTAÇÕES DO SUBLIME

Foto 2. 2 – Aspecto geral visto no platô superior, no lado Oeste, em frente da ermida. Referência Iconográfica [12]

Com o seu aspecto singular, quando nos aproximamos dessas rochas, nos apercebemos da sua estrutura, em lâminas: a foto nº 2. 3 nos mostra essa circunstância. São os *itabiritos*, rochas típicas dessas formações (por isso, ditas *itabiríticas*), ricas em óxidos de ferro e sílica, dispostas em lâminas, sempre paralelas, mas em certos locais, caprichosamente deformadas, sinalizando a ação de poderosas forças tectônicas durante a sua formação, conferindo-lhes propriedades e aspecto tão característicos. Exemplificando, essas formações são as responsáveis pelo aparecimento, naquelas cumeadas, de locais onde nasciam e corriam filetes de água cristalina: eram os *"olhos d' água"* nascendo das rochas, que a crendice popular denominava de *"Milagres"*, denominação popular, datando das origens da Serra como santuário. Tratava-se, então, de fenômeno típico, provocado pela formação itabirítica, foliar e porosa, interpostas à passagem das nuvens, naquelas altitudes.

Essas nuvens depositam sua umidade sobre as rochas, e essa umidade, por efeito da porosidade própria daquelas rochas, infiltra-se e se acumula em seus interstícios, vindo a aparecer mais abaixo, nos ditos *"Milagres"*. Por isso mesmo, esses "olhos d'água" eram tidos por milagrosos, pela gente simples que ali afluía, em peregrinações.

Por outro lado, essas rochas prestam-se muito bem à construção civil, em técnicas de cantaria, quando desagregadas em suas lâminas. Dessa forma, elas foram empregadas, desde o fim do século XVIII, na construção da ermida, do cláustro e de edificações auxiliares, ali erigidas. Nos tempos presentes, essas pedras também foram usadas, quando em apresentação laminar, como acabamentos das superfícies de trânsito como nos degraus das escadarias dos logradouros e praças.

Foto 2. 3 – Detalhe estrutural das rochas foliares. Referência Iconográfica [13]

Na sua apresentação como pedras de formatos irregulares e heterogêneas, foram empregadas como agregados para compor a argamassa de cimento e areia, para a moldagem das diversas estruturas de sustentação e arrimos, ali realizadas.

Nessas obras de arquitetura, de caráter perene, caracterizando não só a religiosidade dessa sociedade regional, patronimicamente mineira, mas também mineradora quanto às suas ocupações sociais.

É de um dos aspectos culturais dessa sociedade que pretendemos tratar, por meio de suas obras religiosas. Ela se mostra, culturalmente, de uma complexidade insuspeitada, imaginadas em suas grandes linhas, a evolução do Santuário na linha do bem eclesial, do "*Aggiornamento*", e do ecimenismo.

Com tais atitudes atuais, configura-se a permanência da mesma Fé desenvolvida quando na criação da 014fundação da ermida, o núcleo do eremitério, que ali se construiria em seguida.

Serão aqui relembrados os trabalhos continuados desses obreiros da fé, dos seus trabalhos de intensa religiosidade, das suas realizações, dos seus anseios e da sua arte.

CAPÍTULO 3

AS PRIMEIRAS IMPRESSÕES DE UM VISITANTE

O município de Caeté se encontra a Leste de Belo Horizonte e cerca de 50 quilômetros distante dessa cidade. Para alcançá-lo, tomaremos a rodovia BR-262, ligando Belo Horizonte a Vitória, capital do Espírito Santo. Nesta rodovia, após nos deslocarmos por perto de 38 quilômetros, chegaremos ao trevo rodoviário onde, à direita, acessamos Caeté pela rodovia MG-453. A cidade de Caeté dista 17 quilômetros dessa bifurcação, nesta estrada estadual, na qual agora entraremos: estrada sem os acostamentos habituais, mas com piso asfáltico razoavelmente conservada, mas com muitas curvas e pouca visibilidade para ultrapassagens. Em suma: é uma típica estrada de montanhas, onde a máxima prudência do condutor é recomendável.

Entretanto, percebemos que a paisagem muda radicalmente, ao deixarmos a BR-262 (a qual, neste trajeto realizado, se encontra superposta à BR-381) e entrarmos na MG-453, já não transitamos mais por uma zona caracteristicamente de *tensão ecológica*, entre restos da *Mata Atlântica* e o *Cerrado mineiro*. Percebemos que, agora, circulamos na região ecológica da *Mata Atlântica*, onde aquela formação, aos poucos, mas firmemente, retoma a sua pujança, graças à *Área de Proteção Ambiental* aí constituída.

Após percorrermos cerca de 5 quilômetros, encontramos um novo trevo rodoviário, o qual nos indica que, ao continuarmos no leito daquela estrada, iremos à cidade de Caeté; porém, se subirmos o aclive à direita, seguiremos para o Santuário Estadual de Nossa Senhora da Piedade.

Ao tomarmos esta última direção, nos depararemos com a cruz-ícone, monumental, que simboliza o próprio Santuário: como que nos dando as boas-vindas, também assinalando a nossa chegada às terras daquele Santuário. A Foto 3.1 mostra um ângulo de vista desta cruz-ícone, realizada em concreto armado aparente e simplesmente caiada: é uma inspirada criação do arquiteto Alcides da Rocha Miranda. De fato, na simplicidade das suas formas e no incontido movimento que elas comunicam, parece ao Crente que se aproxima, reconhecer ali, o próprio Arcano, esboçado nessa nova ter percepção do grado: braços abertos, convidando-o a subir a mística Serra!

Foto 3.1 – A cruz-ícone, anunciando o Santuário. Ao fundo, observa-se a flora rupestre, típica da Mata Atlântica. Referência Iconográfica [14]

Transposto o primeiro trecho da estreita estrada de montanha, cercada por interessante vegetação rupestre, atingimos o primeiro platô, onde nos deparamos com a quarta e a quinta *Estações da Via-Sacra*. Elas se sucedem às três Estações iniciais, postadas desde o início da subida e serão sucedidas pelas demais dez *Estações* tradicionais, ao longo da antiga trilha de acesso ao Santuário, trilha está aberta pelo seu fundador, o mestre de cantaria, português do bispado de Bracarena, localidade próxima de Lisboa, Antonio da Silva Bracarema, em momento situado entre 1765 e 1767.

Acreditamos ter sido, essa Via-Sacra, criada pelo próprio Bracarena, como fonte de exercícios espirituais para os ermitãos que o acompanhavam naquele eremitério; também, temos notícias de que, já em 1800, o padre José Gonçalves[14] praticava seus exercícios de mortificações e de flagícios, ao longo daquela Via-Sacra, enquanto conduzia as romarias de escravos, que organizava a partir da Vila de Roças Novas, muito próxima desse local, e hoje, distrito do município de Caeté.

A estrada pavimentada pela qual seguimos, corta aquela trilha em diversos dos seus pontos, de modo que todas as Estações sejam acessíveis, desde que deixemos o nosso veículo naqueles pontos e então as alcancemos a pé.

A última *Estação* — a de número XV, relembrando a ressurreição de Jesus — se encontra no fim da estrada de acesso, quase chegando ao platô onde estacionaremos o nosso veículo, ao lado do acesso para o *Restaurante Panorâmico*.

As imagens dessa Via-Sacra, que vimos de acompanhar, substituíram àquelas anteriores, figurativas e sem maior expressão que a da fé, que também já não eram as originais a partir da década de 1990. Foi ainda frei Rosário Joffily quem as encomendou ao artista plástico *Paulo Schimidt*. As *Estações* foram montadas sobre lápides-suporte, verticais, sobre as quais estão dispostos os

---

[14] Padre José Gonçalves Pereira nasceu em 1771, em Roças Novas, então termo de Caeté. Ordenado Padre, em 1800, cuidava da Paróquia de Roças Novas e do Santuário de Nossa Senhora da Piedade, onde permaneceu até 1854, quando foi substituído por frei Luís de Ravema. Faleceu em 1856.

azulejos de fundo cinza-claro, ornados com gravuras ceramizadas, criados e realizados pelo artista contratado, citado anteriormente.

As iconografias clássicas das Vias-Sacras, aqui, foram realizadas por meio de imagens figurativas, apenas delineadas e transferidas aos azulejos com técnicas de gravação em serigrafia; o preenchimento das figuras é monocrômico, em cor sépia, com tonalidade clara, tristes, sem o brilho e o encantamento envolvente das cores icônicas bizantinas. Percebemos que o artista pensou e realizou as cenas, representando-as por imagens sugerindo a ação vivida a cada momento. Dessa forma, entre as brumas nevoentas do entardecer, tão comuns naqueles cimos, essas representações transmitiriam uma intensa sensação de realidade.[15]

A Foto 3. 2 mostra a *Estação V* dessa Via-Sacra, ilustrando a descrição anteriormente dada.

Foto 3. 2 – Via-Sacra, por Paulo Schmidt. *Estação V*. Referência Iconográfica [15]

---

[15] Frei Rosário amava as representações bizantinas, com suas cores vibrantes. Sempre desejou ter alguma delas nas decorações que projetava para o Santuário. Contou-nos, um dos *Amigos da Serra*, que o ajudavam a desembalar os azulejos em questão, que frei Rosário lhe parecera — se não, pouco admirado — pelo menos, pouco entusiasmado ao ver aquele trabalho. Não obstante, jamais fez qualquer comentário-valorativo ou depreciativo — sobre a criatividade dos diversos artistas que colaboraram com o Santuário, naquela fase.

Após visitarmos a *XV Estação da Via-Sacra*, chegaremos ao platô onde estacionaremos o nosso veículo. Para lá chegarmos, seguiremos em uma curva acentuadamente ascendente, para a esquerda, e que, tal como em toda a nossa subida, nos manterá voltados para a vertente Norte da Serra. Se, ao contrário, continuarmos pela estrada de subida, sem fazermos aquela inflexão à esquerda, nos dirigiremos para a vertente Sul, onde estão situados a *Igreja das Romarias* e, mais adiante, o *Observatório Astronômico da UFMG*, hoje denominado **Observatório Frei Rosário**.

Após a inflexão à esquerda, chegamos à área de estacionamento: ela se constitui em grande área de convivência, ampla e em ligeiro aclive, para o lado Leste; ao centro da área, um canteiro circular, com cerca de quatro metros de diâmetro, plantado de flores rupestres, ostenta em seu centro um pedestal sobre o qual se apoia um bronze, de autoria do escultor mineiro *Alfredo Ceschiatti*: Nossa Senhora da Piedade, uma *Pietà*, que se constitui em um dos seus últimos trabalhos. Ela recebe os visitantes que acorrem ao Seu Santuário, e a foto 3. 3 o ilustra.

Foto 3. 3 – A praça da Acolhida. Ao centro, a "Pietà", bronze de Alfredo Ceschiatti. Referência iconográfica [16]

Na foto 3. 4 apresentamos essa obra de Cescchiatti, em posição que a permitirá a sua melhor observação. Trata-se de uma fotografia tomada em condições de maiores proximidade e luminosidade, mais propícias à sua observação.

Esta foto foi tomada no antigo cláustro, na "*Biblioteca de Místicas*", que então se encontrava em formação, graças aos relacionamentos internacionais de Frei Rosário. Sobre essa biblioteca, falaremos em momento e local oportunos, desta obra.

Notaremos que a obra de Cescchiati foi inequivocamente inspirada na **Pietà Rondanini**, de Michelangelo: Maria, que sustenta Seu Filho, o qual assume uma postura *serpentinat*, na representação estatuária.

Foto 3. 4 – A Pietà, bronze de Alfredo Ceschiatti, com cerca de 1,6 m de altura. Referência Iconográfica [17]

Neste ponto, devemos registrar que este bronze, o brade estatuária realizada pouco antes da morte do seu autor, ocorrida em 25 de agosto de 1989, tem um histórico singular, não só pelas circunstâncias da sua criação, como também pelos acontecimentos ocorridos quando da sua exposição ao público religioso, na Igreja das Romarias. Registremos esses acontecimentos.

Desde o início da década de 1980, quando iniciara as fundações da Igreja das Romarias, Frei Rosário projetara obsequiar Nossa Senhora, neste Século XX, tal como Antonio Btacarena o fizera, no Século XVIII. Bracarena o fizera por meio de uma escultura do *Aleijadinho*. O frade-reitor considerava e sopesava as opiniões artísticas de Rubem Braga, o qual considerava Ceschiatti como o maior escultor mineiro de todos os tempos, após o Aleijadinho! (Ele exclamava, veemente).

Seria enormemente desejável que, no Santuário, a centúria de 1900 homenageasse a Mãe de Deus, tal como a Centúria de 1700 o fizera. Estava decidido: convidaria o Artista!... e o fez, no correr de 1983.

E, de fato, a obra foi encomendada ao artista, que a realizou e doou o seu trabalho ao Santuário, em 1985. A Municipalidade de Caeté completou a obra: a administração do Prefeito Fernando de Castro custeou o metal e os trabalhos de fundição daquele bronze.

O tema dessa obra: uma *Pietà*, inspirada na *Pietà Rondanini*, de Michelangelo, apresentando um Cristo *serpentinato*, nos braços de Sua Mãe. Entregue a escultura, ela foi exposta no Recinto da *Igreja das Romarias*. Mas, o Cristo de *Ceschiatti*, não apresentava as chagas do martírio, razão do escândalo de alguns dos fiéis que compareciam ao Santuário de Nossa Senhora da Piedade, para apreciar a nova aquisição. Por este motivo, a escultura foi transferida a outro espaço, onde poderia ser apreciada sem as conotações próprias a uma adoração religiosa.

Atribuiu-se a um suposto agnosticismo de *Ceschiatti*, a ausência das chagas, naquele Cristo. É outra a nossa leitura dessa obra: a nosso ver, dois fatos históricos devem ser levados em conta, numa apreciação sobre esta obra. Em primeiro lugar, *Michelangelo* e o *Renascimento* foram, de fato, objetos da admiração e, certamente, fonte de inspiração estética para *Ceschiatti;* em segundo lugar, sua Nossa Senhora da Piedade foi concebida num momento em que *Ceschiatti* já se encontrava afetado pelo mal que o levaria ao túmulo, e ele o sabia!

Acreditamos que, tal como a *Pietà Rondanini*, a *Pietà* de *Ceschiatti* teria sido composta quando os artistas se encontravam sob a tensão psicológica da sua morte: ambos a sabiam próxima; no caso de *Michelangelo*, pela idade provecta em que a iniciara, tendo-a deixado inacabada (tanto que, segundo seus biógrafos, aquela obra fora realizada com o fim de adornar o seu túmulo, perenizando a sua memória); com *Ceschiatti*, pela fatalidade de um câncer na garganta, que lhe acenava com a morte próxima. Pensamos, pois, que a obra fora criada sob intensas reflexões, do artista, sobre a transcendência. Também, ao contrário daquela outra, a *Pietà* de *Ceschiatti* foi primorosamente acabada...

Por outro lado, frei Rosário atribuía a ausência das chagas, naquele Cristo, a um possível agnosticismo do artista. Nós, ao contrário, vemos neste Cristo um profundo sentido da *Ressurreição*: a fisionomia plácida de Maria mostra que, neste momento, o escultor imaginara que Maria não era mais a *Mater Dolorosa* de tantas representações; e, longe dela, estávamos sentimentos da *Senhora da Soledade*, de tantas outras representações. Ali, em *Ceschiatti*, Ela sussurrava ao Seu Filho: "Desperta! Levanta-Te, e vá terminar a Tua missão, junto às gentes deste mundo!". Usando a linguagem da sua arte, certamente *Ceschiatti* manifestava a sua ânsia de eternidade. E ele a externava na ressurreição do seu Cristo, agora livre de uma existência fugaz e maculável. Eis aí como interpretamos a ausência das chagas no Cristo de Ceschiatti: não pode haver máculas na Ressurreição! Além do mais, ousamos perguntar: seria um agnóstico, o criador daqueles belos anjos que adornam a Catedral de Brasília?

Por outro lado, há que pensarmos no peso de uma anterioridade de escândalos, ligadas às obras desse artista: por exemplo, embora que em outra escala de sentimentos, o escândalo ocorrido com o mármore "*Abraço*", de 1943 — hoje exposto no lago, defronte à "*Casa do Baile*" do conjunto urbanístico da Pampulha, tal foi o escândalo causado por esta obra, no imaginário de uma parcela da elite belorizontina. Em consequência, aquele mármore peregrinou, "envergonhado", por vários logradouros menos visitados, até que um preclaro administrador das coisas públicas o fez ser exposto, valorizado, onde está, atualmente.

No caso presente, estaríamos diante de uma História que se apresenta em circularidades? Também no Santuário, o bronze de *Ceschiatti* foi retirado da *Igreja das Romarias*, tendo peregrinado pelos interiores do antigo claustro, até que um administrador preclaro lhe desse um destino condigno: neste ano de 2014, a *Pietà* de *Ceschiatti*, passou a ornar a praça de acolhimento aos visitantes, ocupando o centro de canteiro circular, onde estão plantadas flores litófilas, originárias da própria Serra. Não poderia haver maior homenagem ao artista!

Após este canteiro central, à esquerda, encontramos a entrada para o Restaurante Panorâmico. Um pouco mais acima, à direita, e já em aclive mais acentuado, está situada a estreita senda conduz indo à *Cripta de São José da Boa Morte* (sobre a qual, falaremos mais adiante); ainda à direita, mais adiante, chegamos à *Lanchonete dos Romeiros*, local de convivência, onde os visitantes podem descansar e — para os que cultivam aquele belo hábito familiar mineiro — desfrutarem das suas *matutagens!*

Subiremos a ladeira em frente, chegaremos à praça fronteira à Ermida e apreciaremos a sua singeleza!

CAPÍTULO 4

VISITANDO A ERMIDA E O CLÁUSTRO

Uma visitação à histórica Ermida de Nossa Senhora da Piedade e Santa Bárbara, é ato indispensável, ao se visitar o Santuário. Contudo, nem sempre será possível a visita ao antigo claustro. Ocorre que, no correr do ano de 2017, a administração do Santuário instalou, ali, o seu centro operacional; por tal razão limita-se a visitação à essa parte do Santuário, agora transformado em Santuário Estadual.

Não obstante, faremos uma descrição sucinta dos locais, tal como se encontravam em fins do ano 2002. Para nos auxiliar nessa abordagem, lançaremos mão da planta baixa reproduzida na foto 4. 1. Observaremos, contudo, que atualmente há uma área não representada nesta planta: uma área plana, externa e ao fundo da construção.

Essa área, cujo nível superior é bastante próximo ao do piso interno do claustro, abriga o reservatório de água potável do Santuário, e tem a capacidade de estocagem de cerca de 980.000 m^3. Esse reservatório foi construído por ocasião da construção da *Casa dos Romeiros*, entre 1989 e 1992. Torna-se interessante observar que este reservatório substituiu o antigo, ainda construído por Frei Daniel de Ravena, no início do século XIX, e que se localizava no platô Sul, onde agora se lançava a Casa do Romeiro. Como registro histórico, assinalamos que aquele antigo reservatório — muito útil aos antigos ermitães — fora construído captando a água nascente de um dos mais importantes *"milagres"* da Serra.

Existem três vias de acesso ao claustro, todas evidentes na foto 4. 1: a primeira, se realiza por meio da sacristia da Ermida, por meio de porta que se abre para o deambulatório do claustro, obviamente restrita aos celebrantes; a segunda entrada se faz por meio da sala situada do lado esquerdo da Ermida, e que se abre para o seu adro; internamente, por meio de pequena escada, liga-se ao de ambulatório; instalara-se, aí, o escritório de acolhimento aos visitantes. A terceira entrada se localiza no lado direito da edificação, bem ao fundo dela, por meio de ampla escadaria; uma porta se abre diretamente para o pequeno corredor que a liga ao deambulatório.

Dessas três entradas, as duas últimas é que seriam utilizadas como acesso habitual ao claustro e o interessado deverá se informar, localmente, das condições para uma eventual visita. Contudo, advirta-se: o claustro está adaptado aos usos e necessidades atuais e, portanto, apenas as estruturas de alvenaria são originais.

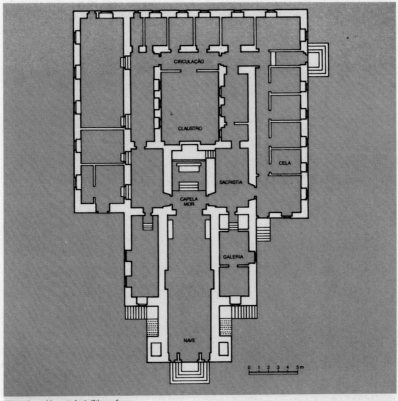

Planta da ermida, anterior à última reforma.

Foto 4. 1 – Planta baixa da edificação ermida-claustro. Referência Iconográfica [18]

O *impluvium* está conservado, tal como era no passado, mas está separado do corredor de ambulatório que o circunda — em forma de U — por amplas aberturas, atualmente fechadas com vidros temperados, preservando o acervo interno dos danos causados pela excessiva umidade local. As antigas celas são utilizadas como salas de trabalhos, indispensáveis à administração do Santuário.

A foto 4. 2, mostra a fachada frontal do conjunto, tal como se encontrava em sua última restauração, em 1990. Ainda pode ser notado, na torre sineira à nossa esquerda, o sino original da Ermida, feito fundir por Antonio Bracarena. A porta central da Ermida, antecedida pela ampla escadaria, é o local para onde nos dirigiremos, para visitá-la.

Foto 4. 2 – Vista frontal da edificação do claustro e da Ermida de N.ª Sr.ª da Piedade.
Referência Iconográfica [19]

Ao adentrarmos a Ermida, atravessaremos o fechamento de proteção contra a umidade, em vidro temperado. Teremos a visão da nave, simples e relativamente baixa, acabada com o teto em caixão.

O visitante que ultrapassa esse portal, tão logo pise a sua soleira, tem o seu olhar dirigido para o retábulo, que se posta no fim da sua linha de visada.

Eis que, ao fundo da nave, transposto o arco-cruzeiro, que é apenas discernível na semiobscuridade que se estabelece, ressalta aos seus olhos a sublimidade do grupo escultórico, originado da sensibilidade do *Aleijadinho*. Esse grupo é iluminado por um suave feixe de luz que o atinge pelo lado de traz, graças ao óculos zenital de iluminação, que não se revela diretamente ao observador se encontrando na capela.

Sombras e luz aumentam enormemente os efeitos dimensionais, e comunicam àquele ambiente pouco iluminado, um clima de quase palpável transcendência. Nesse retábulo barroco, decorado em dourado sobre azul pálido, cuja base é encoberta por um altar cerimonial de época, que se dispõe antecedendo o retábulo, o olhar se fixa sobre o belo e tocante grupo escultórico, muito bem proporcionado para as dimensões daquele templo, repousada sobre a sua base. É emocionante a sua visão: Nossa Senhora, sentada, tem apoiado sobre os seus joelhos, o corpo do Seu Filho, morto. Sua mão direita segura o braço direito de Jesus, enquanto Sua mão esquerda apoia a cabeça daquele Filho bem-amado. Mas, ela não está só nessa hora triste! A sensibilidade do artista representa-o por meio da cabeça de um anjo que, compondo o equilíbrio de massas da escultura, ressalta a crença cristã de que Ela não se encontrava só, mas assistida pelo Pai.

A profunda emoção espiritual em que o crente se sente imerso diante de tal quadro é, também, acentuada pela grandiosidade dimensional sentida por ele; sabemos que essa grandiosidade é, sabidamente, fonte poderosa do sublime. Sabe-se, em arquitetura, que o equilíbrio no manuseio das grandes dimensões é condição necessária para despertar a sublimidade, permitindo assim, à imaginação alçar-se à ideia do infinito.[16] E, portanto, não são rigorosamente imensas as dimensões dessa pobre Ermida. São as proporções, judiciosas entre sua largura, altura e extensão da nave, que conduzem a esse efeito do sublime. Embora não tendo sido um arquiteto, Bracarena era um mestre-de-obras imerso no espírito do barroco de sua época, e nele se realizava. Prova-o essa Ermida.

---

[16] Ver: BURKE, Edmund. *Uma investigação filosófica sobre a origem do sublime e do belo*. Campinas: Edit. Unicamp, 1993. p. 77-81.

O que descrevemos quanto ao retábulo e imagem é reproduzido na foto 4. 3.

Foto 4. 3 – Retábulo e altar-mor da Ermida. No nicho central: *A Pietà*, de autoria do *Aleijadinho*. Referência Iconográfica [20]

Observa-se os dois pequenos nichos laterais nesse retábulo: eles se destinavam a alojar as imagens da copadroeira — Santa Bárbara — e uma outra devoção, que não é desconhecida. Observa-se também o altar cerimonial, em primeiro plano: é uma peça do século XVIII, porém não é original da criação da Ermida. Este altar foi doado à Ermida por D. João de Resende Costa — segundo me foi informado pelo próprio Frei Rosário — e originou-se de uma capela de antiga fazenda das redondezas, a qual, tendo sido demolida, seu altar foi recuperado por aquele prelado.

Foto 4. 4 – Reprodução da *Pietàndo*. Aleijadinho. Altar-morda Ermida. Referência Iconográfica [21]

Voltemos nossa atenção para a imagem de Nossa Senhora da Piedade, reproduzida na foto 4. 4 (referência iconográfica [21]). Essa fotografia foi tomada em 1990, após a última restauração desse grupo escultórico. O restauro foi realizado pela artista e restauradora **Carla de Castro Silva**, de Belo Horizonte, quem identificou, cientificamente, ser em "cedro americano", a madeira em que fora talhada — madeira nativa da Mata Atlântica, muito apreciada pelos entalhadores e estatuários do "*Setecentos*" mineiro, e muito abundante na região de Caeté, durante os séculos XVIII e XIX. Ficava, assim, comprovado que a execução daquela obra, fora inteiramente local, reforçando a atribuição de sua execução ao *Aleijadinho*, anteriormente feita por especialistas, baseados em análises estéticas e estilísticas.

Embora não tenhamos qualquer documentação escrita, comprovando a autoria dessa imagem pelo Aleijadinho, as evidências afloradas nessa restauração, bem como as aproximações apresentadas em nosso "*A Serra e o Santuário*"[17], que permitem uma atribuição segura dessa obra.

Retornando ao que foi discutido com a apresentação da foto 3. 4, então depositada na antiga biblioteca do claustro, será oportuno observar que o "embrião" da **Biblioteca de Místicas, cristãs e não cristãs**, com cerca de 20.000 volumes, se encontrava abrigada nesse claustro, conforme nos apercebemos pela foto 3. 4. Após o falecimento de Frei Rosário, a Mitra Metropolitana não sentindo maior interesse na continuidade do projeto de um centro de estudos de místicas, neste Santuário, daqui removeu aquele acervo, dando-lhe outra destinação que desconhecemos.

Cabe-nos, como conhecedores que fomos dos planos de Frei Rosário, lamentar que o último dentre eles — a *Casa de Orações* — não foi realizado e, provavelmente, jamais o será realizado, neste Santuário. A **Casa de Orações** seria um centro de estudos de Místicas, tanto as cristãs, como as não cristãs, em um movimento de espiritualidade que foi sentido e semeado por

---

[17] Ver: TAMBASCO, 2010.

João XXIII, por meio do seu *"aggiornamento"* da Igreja, prosseguindo no *Eumrnismo* de Paulo VI. Foram pensares que repercutiram fortemente na ação dominicana, donde o projeto da "Casa de Orações", onde se daria um novo sentido a Fé, não mais *Em que devemos crer?* Porém, muito mais numa inquirição positiva de conduta: *Como devemos crer?*[18]. *Teremos perdida a espiritualidade, tal como ele assim o entendia? É difícil respondê-lo...*

Retornando à nossa visitação, ainda sobre o platô mais elevado da Serra da Piedade, o conjunto da Ermida de Nossa Senhora da Piedade e o claustro, que lhe é adjacente, se estende em orientação Leste-Oeste, a porta da Ermida voltada para o poente. A foto 5. 1, em vista aérea tomada por volta dos anos 1980, ilustra a amplitude daquela construção do século XVIII, naquele cume pedregoso, a sensibilidade artística de Mariana Moreira registrou esse fato em sua pintura, apresentada na foto 4. 5 (referência iconográfica [22]), a seguir.

---

[18] Ver: TAMBASCO, J.C. V. *A Serra e o Santuário*. Belo Horizonte: Ed. do autor, 2010. p. 135.

Foto 4. 5 – A Ermida de N.ª Sr.ª da Piedade. Óleo sobre madeira 100 x 65 cm. Autoria de Mariana Moreira. Referência Iconográfica [22]

Encaminhemo-nos, agora, para a Ermida. Acercando-nos dela, temos a visão apresentada na foto 5. 2: é uma arquitetura sóbria e escorreita. Contudo, esta não é a fachada original, criada por Bracarena, em 1767. De fato, entre 1881 e 1883, a sua nave foi aumentada de alguns poucos metros, ao receber as duas torres sineiras, que hoje ostenta, e das quais somente uma (aquela à nossa esquerda, quando a olhamos de frente) possui um sino original, mandado fazer por Bracarena, e datado de 1776, em seu próprio corpo, e sobre o que voltaremos a falar, mais adiante.[19]

Também, nos fins da década de 1960, quando da primeira restauração dessa ermida, sua fachada sofreu nova modificação, tendo sido acrescidos dois falsos pilares sob a arquitrave frontal, delimitando as torres sineiras da portada central. Foi adição provavelmente sugerida pelo arquiteto Alcides da Rocha Miranda,[20] conferindo àquela fachada maior graça e equilíbrio estético.

Subamos os dez degraus que nos levarão ao adro, e penetremos na Ermida: deparamo-nos com um conjunto de paredes em vidro temperado, transparente, dotada de portas laterais, pelas quais se adentra a nave da Ermida. Trata-se de uma proteção do interior da Ermida, contra o excesso de umidade carreada pelos ventos soprando naqueles cimos, tendo sido proposta e realizada pelo Iphan, quando da restauração ocorrida no início dos anos 1990. Penetrando nesta nave, de dimensões modestas, nos apercebemos da sua relativa esbelteza, ainda mais acentuada por um forro de teto em tábuas corridas, assentadas em forma de caixão; pintado em óleo na cor azul celeste, este forro, outrora, apresentava detalhes dourados, que se perderam em decorrência dos longos anos de abandono no decurso de sua história. Essa relativa esbelteza

---

[19] Visitando o Santuário em 14 de novembro de 2014, foi-nos dito pelo Padre-Reitor — então, o Pe. Fernando — que naquela torre tinha sido instalado, agora, um carrilhão; e que, naquele momento instalavam um segundo carrilhão, na segunda torre, até então livre. Perguntei sobre o destino dado ao sino original, mandado fazer por Bracarena, e o reitor me respondeu não saber dizê-lo; porém, comprometeu-se em buscar sabê-lo. Contudo, não tivemos novas informações a respeito.

[20] Alcides da Rocha Miranda (*909, no Rio de Janeiro; 2001, no Rio de Janeiro). Arquiteto, desenhista e pintor. Atuou no Iphan, tendo se especializado na conservação de arquitetura religiosa do período barroco brasileiro. Foi consultor do Santuário de N.ª Sr.ª da Piedade, entre 1962 e 1995.

faz com que o olhar do visitante convirja para o altar-mor, dominando o fundo da nave, após o arco-cruzeiro: a foto 2. 1 mostra o conjunto do altar-mor, aparecendo em primeiro plano o altar cerimonial, do século XVIII, muito bem restaurado, contudo, não sendo original da época de construção da Ermida. Este altar está disposto frontalmente, de tal forma que o celebrante ficasse voltado para o Oriente, como recomendavam as instruções construtivas atendendo às necessidades de uma liturgia então adotada. Atrás desse altar, se vê o retábulo, original da época da construção do templo, de madeira e acabado em estilo rococó, com múltiplas molduras e entalhes caprichosos, pintado nas cores azul celeste e dourado. Apoiando-se sobre a estrutura de um sacrário, estão dispostos três nichos, sendo dois menores, laterais, e um central, este destinado ao abrigo do grupo de esculturas representando a padroeira principal. Essa disposição dos nichos é pouco comum, e particular a esta Ermida: presume-se que os dois nichos laterais, menores, destinavam-se a abrigar as imagens devocionais da copadroeira — Santa Bárbara — e de uma terceira devoção, cara aos crentes e aos ermitães da época, e cuja identidade foi perdida com o correr dos tempos e das mudanças nas práticas religiosas. Outra hipótese, é que essa terceira imagem fosse outra expressão de Nossa Senhora da Piedade, a qual seria transferida para a entrada da Ermida, nas ocasiões festivas, na realização de cerimônias diante da portada. Essa suposição é fundamentada no fato de ter existido, outrora, na fachada antiga da Ermida, em ambos os lados da portada, e em tamanhos idênticos, nichos semelhantes àqueles existentes no retábulo; esses nichos abrigariam aquelas imagens devocionais, naquelas ocasiões de celebrações diante da Ermida, em momentos de grande afluência dos fiéis.

No centro do retábulo está abrigada a escultura da Padroeira: uma *Pietà*, esculpida em madeira, com acabamento em policromia, de rara beleza e sensibilidade, cuja criação é atribuída à genialidade do escultor mineiro do século XVIII, Antonio Francisco Lisboa, que viria de ser cognominado de o *Aleijadinho* (ver foto 2. 2).

Continuando a nossa visita, ao longo da nave encontramos duas portas, à esquerda e à direita, conduzindo às duas sacristias laterais. Naquela do lado esquerdo, encontramos o local destinado à queima das velas votivas; ao entrarmos nesta capela, à nossa direita e na parede do fundo, veremos o belo revestimento em azulejos com pinturas ceramizadas, em múltiplas tonalidades de azul colonial complementada com detalhes em outras cores, compondo sugestivas *mandala*. No lado direito da nave, outra sacristia, está tendo sido transformada em sala de Consistório: vemos na parede dos fundos um revestimento cerâmico, também com pinturas ceramizadas, com cenas da vida de São José. Ao centro da parede, vemos um sacrário de época (do início do século XIX, restaurado), portanto, não sendo original da época da construção da Ermida. Em ambas as capelas descritas, a cerâmica decorada revestindo as paredes, é obra da artista plástica mineira, *Maria Helena Andrès*.[21]

Ermida e claustro, tal como se vê na foto 5.1, formam um conjunto arquitetônico compacto, ocupando uma área perto de 810 m², estendendo-se por 24 m de largura máxima, e uma profundidade de 35 m. É um conjunto despojado, realizado em alvenaria de pedras locais, revestida em argamassa argilosa, aglomerada com cal; seus pés-direitos não foram construídos muito elevados, em média situando-se em 3,5 m; faz exceção o pé-direito da nave da capela, um pouco mais elevado, em torno de 6,0 m. Portas e janelas em madeira maciça, retangulares, típicas do colonial mineiro, as últimas sendo dotadas de vidraças em guilhotinas e postigos maciços que, pintadas na cor vermelho-colonial, contrastam magnificamente com a brancura da cal, na pintura das alvenarias.

A cobertura do conjunto foi realizada em telhas-canal, de barro cozido, com duas águas bem proporcionadas, que nos deixam

---

[21] Maria Helena Andrès é artista plástica, escritora de artes e professora. Nasceu em Belo Horizonte, em 1922. Formou-se na Escola de Belas Artes do Rio de Janeiro e fez especializações na França, Itália e nos EUA. Vive, hoje, em Brumadinho-MG. Foi professora de Desenho e Pintura na Escola Guignard, em Belo Horizonte.

perceber um recinto central, amplo, iniciando-se imediatamente atrás da ermida e abrindo-se para o céu em um retângulo de cerca de 5 m x 8 m: adivinhamos aí um antigo *impluvium*, que ajudaria o claustro em suas necessidades de água, posto que para ali converge mais da metade de todas as superfícies cobertas.

No eixo geométrico longitudinal do conjunto, está implantada a ermida, formada pela capela-mor, medindo aproximadamente 3,5 m de largura por 5 m de profundidade, do arco-cruzeiro até a face do retábulo; do arco-cruzeiro, cuja luz de passagem é de 2,5 m, segue-se a nave, que se estende por cerca de 15 m, até a face interior da porta; a nave mantém uma largura média de 4,0 m. A porta, que é centrada com relação à nave, bem como a toda a edificação, é absolutamente austera e sem adornos, tendo uma largura de passagem de 1,8 m por 2,20 m de altura. Não preside aí, a clássica proporção áurea, tão comum às igrejas barrocas setecentistas. Isto vem reforçar o fato de que o seu construtor não era um arquiteto, cioso de tais minúcias, mas um excelente mestre de cantaria, tendo conferido ao conjunto, notáveis equilíbrio e solidez. Efetivamente, a marca de Bracarena está impressa nos alicerces e na alvenaria desse conjunto austero, amplo e sólido, de linhas simples, mas de uma elegância que se impõe naturalmente.

Tal como a própria inserção da porta, toda a fachada da ermida segue uma orientação arquitetônica austera e simples. É certo que essa fachada, tal como se nos apresenta atualmente, não é a original, construída por Bracarena: ela é a fachada que lhe foi dada pelas modificações introduzidas por Monsenhor Domingos Pinheiro, entre 1881 e 1883, seu condutor naquele fim de século. Efetivamente, então lhe foram adicionadas as duas torres sineiras que hoje ostenta, das quais apenas uma é guarnecida com um sino, que — este sim — é original, adquirido por Bracarena, em 1776 — 9 anos após o término da construção daquela ermida. A notar que, originariamente, este sino ficava implantado em um ponto, hoje não mais sabido, ao lado da ermida; destinava-se ele a chamar aos ermitães, e aos eventuais romeiros que se encontrassem naqueles cimos, para os Ofícios que seriam celebrados.

É um sino pequeno, cujas medidas externas são, aproximadamente, de 35 cm de altura, por 25 cm de diâmetro máximo, na sua base (medidas ditadas pela memória do autor, sujeitas, pois, às inexatidões); a espessura da sua parede é de 2,5 cm, e dotado de um olhar para a sua fixação externa, também original de fundição. Os acabamentos externos são grosseiros, característicos de uma fundição não profissional; a data da fabricação, gravada de fundição, foi realizada com algarismos grosseiros, próprios de uma identificação industrial e sem preocupações artísticas. Finalmente, caracterizando a sua fabricação por fundidores não especializados no fundir o bronze, assinalamos a existência, na sua face interna, e nascendo junto a borda interna, de defeito típico de um mal dimensionamento da alimentação do fundido, em bronze líquido: trata-se de uma fenda aparente, vertical, medindo cerca de 12 cm, e profundidade de 6 a 8 mm, terminando em exsudações típicas. Devido a este defeito, podemos afirmar que este sino é uma peça de fundição não profissional. Contudo, é peça de valor histórico inestimável. Finalizando, acrescentamos que aquele defeito não interferia na sonoridade deste sino. Antes, ele emitia um som agudo, limpo e breve — sem qualquer efeito de *vibrato*. Essa sonoridade era devida à grande espessura de suas paredes, face às suas demais dimensões.

Por outro lado, a construção das duas torres sineiras foi resultante do desejo de conformar aquela ermida aos padrões construtivos das igrejas interioranas de então, com o prestígio que lhes era conferido pelas torres sineiras.

Adentrando a ermida, da nave que é absolutamente simples e despojada, percebemos que o seu arco-cruzeiro divide o espaço entre a capela-mor e essa nave; em seguida, lançamos um olhar sobre o conjunto da capela-mor: após o arco-cruzeiro, divisamos um altar de época, mas que sabemos não ser o original do templo; ao fundo, um retábulo em talha de madeira, datado do século XVIII, decorado em estilo rococó, com pintura cor de ouro, sobre ornamentos de madeira, todos aplicados sobre fundo azul claro, certamente, original da capela. Em dossel central, e em fundo revestido em tecido de cor azul (ou vermelho, segundo o dia), encontra-se o grupo escultural representando Nossa Senhora da Piedade, tendo o Seu filho, moto, sobre os seus joelhos: trata-se de uma *Pietà*, também original, do século XVIII. Em dois nichos laterais, previstos naquele retábulo, simetricamente dispostos em relação ao grupo central, e com alturas aproximadas de 60 centímetros, seriam dispostas duas outras devoções: à direita, a copadroeira da Ermida, Santa Bárbara, em imagem talhada em madeira, também de época; à esquerda, atualmente o nicho está vazio, e não sabemos ao certo a qual devoção se destinava. Contudo, acreditamos que esse nicho se destinava a uma reprodução da imagem de N.ª Sr.ª da Piedade; essas duas imagens se destinariam às celebrações campais, à porta da ermida, em dias de grande afluência de romeiros. Naqueles momentos, aquelas imagens seriam transportadas para dois nichos, outrora existentes na fachada da ermida, também simetricamente dispostos com relação à portada; dessa forma, como o retábulo também está geometricamente centrado com relação à portada, e com um altar andejo, transportado e paramentado diante da portada, reproduzir-se-ia a situação da capela-mór, como se a celebração se passasse naquele altar-mór.[22]

A capela-mór foi o ponto de início das obras de Bracarena, pois como se lê em documento por ele assinado, e encontrado na Torre do Tombo, em Lisboa: "[...] deu princípio no lugar da aparição a huacapella edificada a mesma S^{ra}".[23]

E grande era a ânsia de Bracarena, como se lê no mesmo documento, para *"obsequiar a May de Deus"*. Dessa forma, a capela foi construída de pronto, e já com o nicho adequado ao alojamento do grupo escultural representando Nossa Senhora da Piedade, bem como aos seus futuros retábulo e dossel. Por esta, entre outras razões que serão apresentadas a seguir, acreditamos que Antonio Francisco Lisboa já teria talhado esta imagem, desde 1765.

---

[22] Para maiores detalhes sobre a aparência da ermida, quando da sua construção, ver: TAMBASCO, 2010, p. 144-153.
[23] MENEZES, 1970.

Contudo, há quem ponha a questão magna: seria, aquela escultura representando Nossa Senhora da Piedade, realmente, obra de autoria do grande escultor mineiro, que foi o *Aleijadinho*? Por certo, os especialistas em arte barroca mineira, a atribuem à genialidade do *Aleijadnho*. Entretanto, até o presente, não se conhece nenhuma fonte documental comprovando essa autoria. Não obstante, em bibliografia citada em publicação anterior, contribuímos com mais alguns elementos históricos convergindo para que seja admitida aquela autoria.[24]

Por certo, o período da conversão de Bracarena situou-se entre 1765 e 1767 e, nesse último ano, ele já se dedicava à construção da ermida. Portanto, não seria razoável imaginar a importação daquela imagem da cidade do Porto, como afirmado por algumas fontes, conquanto respeitáveis elas fossem. Certamente, não teria havido o tempo hábil para a encomenda, execução, importação e o transporte até à Vila de Caeté, daquela escultura; e esse grupo deveria ser proporcionado para um nicho que, em 1765, ainda não estava construído. E não se mencionando o estilo artístico da obra, totalmente diverso daqueles dominantes entre os artistas da cidade do Porto, suposta citada fornecedora daquela escultura.

Do ponto de vista da construção da ermida, quando examinamos a continuidade das paredes posteriores da capela-mór, separando-a do *impluvium* do claustro, e formando o nicho onde se aloja a imagem de Nossa Senhora da Piedade, encontramos um óculos de iluminação zenital, voltado para o interior do mesmo *impluvium*; disposto em posição superior, de tal forma que nunca é visto a partir da nave ou da própria capela-mór; sua função óbvia é a de iluminar aquela imagem, disposta neste nicho. E a iluminação, moderada, se faz no sentido do alto para baixo, conferindo uma dimensão transcendental, e apologética, àquela escultura, assim disposta.

Toda essa parede, e os respectivos nicho e óculos zenital, sendo comprovadamente originais, e inseridos em um sistema de

---

[24] Ver: TAMBASCO, 2010, p. 64-71.

telhados convergentes, de construção reconhecidamente original, mostra à saciedade que aquele nicho fora construído para receber a um dado e específico grupo escultural, o qual já seria existente em fins de 1766 e/ou início de 1767; ou então, pelo menos as suas principais dimensões já seriam conhecidas naquela época.

Devemos buscar mais evidências de uma possível autoria da execução daquele grupo. Neste sentido, lembremo-nos da construção da Igreja Matriz de Nossa Senhora do Bonsucesso e São Caetano, na cidade de Caeté, terminada no ano de 1760. Antonio Francisco Lisboa — o "Aleijadinho" — e Antonio da Silva Bracarena, trabalharam e interagiram durante os anos da construção daquele templo: Bracarena, como o mestre de obras, e Antonio Francisco Lisboa, como o *"Garantidor do risco da obra"*, ou seja, o responsável pela fidelidade da execução ao projeto. Bracarena conhecia as habilidades de Lisboa, inclusive porque vira nascer aquela que fora uma das suas primeiras talhas, Santa Lúcia, esculpida para a Irmandade da Igreja de Nossa Senhora do Bonsucesso, que se construía [25].

Em 1763, Antonio Francisco Lisboa deixava Caeté, transferindo-se para Morro Grande (Hoje, Barão de Cocais), onde participaria da construção da Igreja de São João, daquela cidade. Acreditamos ter sido naqueles momentos que Bracarena contratou a realização daquela *Pietà*, com o seu companheiro da construção, Antonio Francisco Lisboa. Entre 1765 e 1767, o artista já a teria esculpido e entregue à Bracarena que, em decorrência, construiu a capela-mór da Ermida de Nossa Senhora da Piedade, executando o seu nicho no tamanho adequado.

---

[25] BAZIN, 1971, p. 328.

CAPÍTULO 5

VISITANDO A PRAÇA, A CRIPTA E O CALVÁRIO

Há quase 190 anos após o surgimento da ermida de Nossa Senhora da Piedade e do seu eremitério, houve ali, como que um harmonioso ressurgimento dos seus valores culturais e da sua destinação no século. Embora fosse regionalmente conhecido, o Santuário voltou a despertar as atenções de um número crescente de fiéis. É que, entre os tempos do seu fundador e construtor e o do seu último ermitão — frei Rosário Joffily — durante a segunda metade do século XX, o Santuário foi restaurado, e foi promovida a sua adequação às necessidades dos tempos atuais; foi expandida a sua capacidade na recepção de amplas e numerosas romarias, inclusive com a possibilidade de hospedagem e permanência de grupos de pessoas — romeiros ou turistas — que buscassem a paz e o reconforto espiritual que lhes pudessem comunicar aquelas paragens privilegiadas.

Foto 5.1 — O conjunto das edificações da ermida e claustro, no início das obras de restauração e construção da praça, do Calvário monumental e da cripta de São José da Boa Morte. Referência Iconográfica [23]

Nesse novo contexto, a reurbanização dos locais se impunha; e de fato, foram realizadas obras com muita sensibilidade espiritual e gosto estético, além da criação de facilidades e conforto pessoais para os visitantes.

No conjunto dessa reurbanização, o arranjo da praça fronteiriça à ermida, a construção do *Calvário Monumental*, e a da Cripta de *São José da Boa Morte*, destacaram-se pela harmonia e unidade que apresentam com o conjunto das edificações da ermida e do claustro.

De fato, a partir da foto 5.1, tomada em momento quando se iniciavam essas obras de restauração, percebemos os primeiros trabalhos dos arranjos do adro da ermida, com os dez degraus que o integraria à futura praça.

Coloquemo-nos, agora, no lugar de um observador que, se postando na porta da ermida, nos momentos das festividades do Jubileu anual, no correr das décadas anteriores à 1960, cujo olhar se voltasse para Oeste. Nessas condições, se esse observador lançasse um olhar para a direção dos rochedos no fundo da futura praça, veria o registrado na Foto 5. 2. De fato, ele se lembraria que, naqueles anos, no período das romarias comemorativas do Jubileu, as suas retinas haveriam gravado uma cena como aquela mostrada naquela foto: uma multidão de fiéis que, após as cerimônias religiosas, buscavam dessedentarem-se e se alimentarem com o que lhes ofereciam os comerciantes dessas ocasiões, nos precários quiosques ali construídos.

Ali, sob aqueles telhados precários, alojavam-se os comerciantes que vendiam, aos romeiros, suas guloseimas, sucos de frutas e... água! Havia a proibição da venda de bebidas alcoólicas, e a água era escassa naquele alto de montanha. A foto 5. 2, tomada em uma dessas ocasiões, no correr do ano de 1950, ilustra como se apresentava o local onde, atualmente, foram implantados a cripta e o Calvário Monumental.

Nas estruturas mais sólidas, como se apercebe ao alto e à esquerda da fotografia, as incansáveis Irmãs de Caridade da Congregação das *Irmãs Auxiliares de Nossa Senhora da Piedade*, que vendiam os produtos alimentícios que produziam no Asilo São Luis da Piedade; além dos alimentos de qualidade, elas faziam transportar para aquele cimo, os bidõrs contendo água pura e higienicamente acondicionada, proveniente das nascentes que abasteciam o Asilo e que era fornecida a baixos custos.

Contudo, não seria a cena dos denodados romeiros daqueles tempos, nem dos precários abrigos de que dispunham — e que são vistos ao fundo — que o impressionariam. Antes, seria aquela natureza agreste, ornando de rochedos portentosos que, limitando o local, sugeririam a criação, ali, a criação de outro ponto de manifestação da fé desses romeiros: um Calvário Monumental. Esse monumento se constituiria em uma verdadeira *"veneração"*, onde os venerantes seriam os próprios romeiros, em constante movimentação.

Foto 5. 2 — Aspecto dos locais fronteiros à ermida, durante as festividades do Jubileu. Foto realizada no ano de 1950. Referência Iconográfica [24]

Foi esta uma urbanização acolhedora naquele espaço: somente a orla montanhosa é reconhecível e, nestas novas disposições, a humanização mística da memória dos ermitães e colaboradores do Santuário na Cripta de São José da Boa Morte, sob o Calvário.

Deixando o adro da ermida e atravessando aquele espaço até a rampa que a prolonga, o nosso romeiro-observador atinge o local onde uma futura escadaria permitirá o seu acesso diante do *Calvário Monumental*, que ali será erigido. Ele sente que se encontra, sensivelmente, sobre o eixo geométrico daquela edificação; perceberá que este é o eixo geométrico do antigo monastério, materializado pela nave da Ermida, se projetando ao longo daquele platô e em direção daquelas rochedos, ao Oeste da Ermida, ensejando a distribuição harmoniosa dos diversos equipamentos de uma futura praça; esta, deveria ser projetada inteiramente calçada com as pedras laminares provenientes das eventuais escavações futuras, para as fundações das novas edificações que seriam implantadas.

Aquele observador, novamente ali postado, após a urbanização total dos locais, verá, à sua direita, no lado Norte da Serra, a cobertura de um grupo de edificações, engastadas naquela vertente, antigamente usadas para a administração do Santuário. Frei Rosário Joffily projetava adaptar estas construções para receberem a *Casa de Orações*, cujo último piso seria ali construída, com os serviços de recepção e administração dessa casa. Em virtude do falecimento inesperado de frei Rosário, essa obra não foi iniciada, parecendo ter sido adiada, *sine die*, pelas administrações que o sucederam.

Uma palavra sobre a *Casa de Orações*

Neste ponto, um parêntese informando aos leitores sobre o que seria a *Casa de Orações*, bem como a sua abrangência na vida espiritual do Santuário: ela seria constituída por um pequeno auditório, salas de leitura e meditação; recintos acusticamente isolados, para estudos em pequenos grupos; salas com recursos de multimídia e de internet; salas para a administração e serviços. E, finalmente, a "Casa" disporia de uma biblioteca, a qual teria o fim precípuo de abrigar o acervo do *Centro de Estudos de Místicas, cristãs e não cristãs*, bem como às coleções de revistas relacionadas àquele acervo de apoio. Essa biblioteca, que foi pensada para abrigar todo o conhecimento, hoje disponível sobre o assunto; ou seja: até a última década do século XX. Ela conteria cerca de 120.000 volumes sobre aquela temática.

Esse projeto, que seria o último dentre os projetos criados e lançados por frei Rosário, não chegou a ser totalmente realizado, não obstante bem cedo haver sido iniciado com a formação do núcleo daquela sonhada *Biblioteca de Místicas*; esse núcleo já contava com cerca de 20.000 volumes, quando do inesperado falecimento de frei Rosário, a 25 de agosto de 2000. Contudo, aquele seria um projeto de realização complexa, e de longo fôlego, porque implicava em se dispor de obras escritas em línguas modernas, vivas, ocidentais e orientais, como também em línguas mortas, litúrgicas (latim, copta, siríaco, geéz, grego, árabe e hebraico antigos, sânscrito, aramaico e, mesmo, o iorubá). Isto significaria que, na *Casa de Orações*, deveriam funcionar cursos temporários dessas línguas mortas, tal como frei Rosário fez realizar ali, em um dado período, um curso de Sânscrito (aliás, bastante frequentado), quando recebeu as primeiras obras nessa língua.

Parece-nos, portanto, que o pensamento de frei Rosário seria — não apenas o de criar e fomentar um centro de estudos de Místicas — mas conduzir o Santuário a ser o condutor de um centro de estudos de abrangência internacional, onde pudessem florescer os mais brilhantes intelectos dedicados às Místicas: em suma, criar um grande centro do PENSARECUMÊNICO, em Minas Gerais. Seria, nessas condições, projeto ambicioso, porque buscando alcançar como objetivos finais, aqueles constituídos pelo diálogo ecumênico constante, lastreados na EVANGELIZAÇÃO PELO CONHECIMENTO.

Reconheçamos que tal projeto dificilmente caberia dentro dos objetivos religiosos imediatos de um Santuário Estadual. Porém, bem caberiam, naquela localidade, como um Centro Anexo à Pontifícia Universidade Católica de Minas Gerais.

Retornando à visitação

Retornando à praça e ao nosso romeiro-observador, ele verá, à sua esquerda, a vertente Sul da Serra, com suas paisagens de serranias poeticamente envolvidas em um véu diáfano, da umidade ambiente; uma vista parcial da cidade de Caeté é percebida, bem como a extração de ouro na mina do Cuiabá, a Sudoeste, que também é apercebida. Nesse lado Sul, a praça se estende até a borda daquele platô: aí, nosso observador se dará conta de que está caminhando sobre a cobertura da *Casa dos Romeiros*, cujos apartamentos se distribuem em dois andares subjacentes, com vista para aquelas serranias. A entrada da *Casa dos Romeiros* se encontra na extremidade Oeste desse lado da praça, contra as rochas que a limitam. Contudo, se o olhar do nosso observador seguir o eixo geométrico desse conjunto, verá que a praça anuncia o seu término ao se iniciar uma rampa, em forte aclive, terminando na escadaria conduzindo ao *Calvário Monumental*, entre as rochas delimitando aquele platô, tal como as apercebemos, na foto 2. 2.

Neste ponto, abaixando o olhar numa verticalidade descendente, o nosso observador perceberá, oculta aos olhos do visitante desavisado, logo abaixo do *Calvário*, apenas adivinhada por meio dos discretos vitrais lançando tênue luz ao seu interior, a *Cripta de São José da Boa Morte*. Nesta cripta, toda revestida em mármore branco, em nichos adequados, repousam os restos mortais daqueles irmãos, leigos e religiosos — ermitães, padres, frades e amigos dedicados ao Santuário — que um dia deram a dedicação de sua vida àquela instituição religiosa; alguns, cujos nomes foram perdidos no decurso dessa longa História. Certamente, um dia os seus nomes foram registrados em livros próprios, mas que — povo de infelizes hábitos quanto à conservação da sua memória histórica, que ainda somos — também foram extraviados ou definitivamente perdidos, no decurso daquela mesma História.

Entre os restos mortais que para aqui foram transferidos, da nave da Ermida, durante a sua última restauração, se encontram aqueles do *Fundador* — Antonio da Silva Btacarena — e das notáveis figuras do passado do Santuário, como os frades capuchinhos, frei Luís de Ravena, e frei Virgílio de Otranto. Também repousam ali os restos mortais do próprio frei Rosário Joffily e os do seu sucessor, o padre Virgílio Rezzi, trasladados a 11 de outubro de 2007. Todos eles receberam novo jazigo cristão, nessa cripta, de forma a sempre serem relembrados como partícipes da construção de um Ideal ecumênico de cristandade.

Foto 5. 3 – Calvário Monumental, representados, além do Cristo, *a Mater r Dolorosa* e São João da Cruz. Data de contratação: 1989-1990. Referência Iconográfica [25]

    Porém, considerando uma listagem dos grandes nomes que conduziram o Santuário, é gritante a ausência de dois, dentre eles: o segundo, na ordem cronológica, Monsenhor Domingos Pinheiro, que em fins do século XIX acolheu o Santuário junto à sua outra obra benemérita — O Asilo São Luís, da Piedade — onde hoje repousa, sob o altar da capela de São Luis de Gonzaga, naquela instituição religiosa. O primeiro nome, é o do padre José

Gonçalves Pereira, o qual regeu o Santuário de 1800 até 1854. Ele faleceu em 1856, na localidade de Roças Novas — distante 7 quilômetros do Santuário — onde se encontra sepultado. Será um ato de justiça e de reconhecimento histórico, a trasladação dos seus restos mortais para a cripta de *São José da Boa Morte*: será o "retorno para a Casa", daquele que — tal como frei Rosário Joffily e também por mais de meio século — dedicou-se à consolidação da fé, neste Santuário, de forma consequente ao seu tempo e às suas possibilidades. Da mesma forma, clamam aos Céus pela sua ausência, os restos mortais de Iumã Germana, a taumaturga acolhida pelo Padre José Gonçalves, entre 1820 e 1840, neste Santuário; e dali retirada pelas intolerâncias religiosas do tempo, findando os seus dias recolhida ao Convento das Macaíbas. Da mesma forma, a ausência de D. Carlos Carmeli de Vasconcelos Mottaque, quando coadjutor de Monsenhor Domingos Pinheiro, tanto amou este Santuário; e, como Cardeal-Arcebispo de São Paulo, jamais o olvidou, tendo sido o instrumento que a Divindade usou, para encaminhar ao Santuário, o então jovem frade dominicano, Rosario Joffyli.

Na impossibilidade de se ter os restos mortais desses outros taumaturgos, taumaturgos ali depositados, ao menos uma lápide evocando as suas memórias históricas, e as preces dos que visitam aquela cripta, e que ali celebramos mistérios da VIDA ETERNA.

Sobre as rochas que envolvem a Cripta de *São José da Boa Morte*, o olhar do visitante se detém, reverente, no *Calvário Monumental*. Este, que se integra naquela linha sinuosa de um horizonte barroco, também ele, em sua configuração. Neste aspecto, observava frei Rosário: "Parece ter sido expressamente pensado pelo 'Grande Arquiteto', que desejou harmonizar todo esse conjunto, místico e belo".

Visita ao Calvário Monumental

O *Calvário Monumental*, mostrado na foto 5.3, foi imaginado por frei Rosário, e teve sua criação e execução entregue à sensibilidade do artista plástico romeno, VladEugen Pœnarù, então residindo em Belo Horizonte.

Com suas imagens fundidas em ferro nodular, representam o Cristo crucificado e agonizante; ao Seu lado, Sua mãe — aqui, *Nossa Senhora da Soledade* — à Sua direita, e o Seu amigo e discípulo, João — aqui, *São João, da Cruz*[26] — à Sua esquerda.

Frei Rosário, sempre sonhador, imaginara o monumento acabado em esmalte vitrificado, em cores vibrantes, como se fora arte bizantina. O artista assumiu a obra e, no tempo aprazado, apresentou a sua maqueta, para a realização. Mas, a realização da obra demandava meios construtivos de grande porte, o que, parcial e providencialmente, se apresentou na cidade de Caeté.

De fato, desde 1990 e devido à crise econômica que dominara o Brasil, a Companhia Ferro Brasileiro havia descontinuado suas fabricações de motores marítimos de grande porte, e se encontrava com suas fundições, naquela cidade, desativadas. Frei Rosário procurou a diretoria daquela usina, buscando ajudas para a realização daquela obra. Breves reuniões entre a diretoria da usina, dos seus engenheiros e mestres; do reitor do Santuário e dos antigos operários especializados, agora licenciados, e o próprio artista, equacionaram a delicada questão: a empresa emprestaria suas instalações, máquinas, equipamentos; forneceria a energia elétrica para os trabalhos de modelagem, moldagem e fundição — inclusive, fornecendo o tratamento do ferro líquido para a fundição das imagens.[27] O Santuário custearia o material

---

[26] Não seja este, confundido com o seu homônimo, o teólogo medieval, danificado, São João da Cruz.

[27] O ferro nodular, citado para a fundição das imagens, é uma liga de ferro — um ferro fundido — que, tendo recebido um tratamento metalúrgico especial, ao magnésio, adquire propriedades especiais de resistência mecânica, permitindo a fundição de cascas finas e resistentes, adequadas às imagens que se desejava obter. Um relato mais pormenorizado sobre a realização dessa obra de arte pode ser encontrado em TAMBASCO, 2010, p. 164-173.

básico e os ligantes para a moldagem das figuras, além do abastecimento das sucatas de aço e gusa, para a transformação em ferro líquido. A mão de obra especializada para a realização dos modelos necessários e para as moldagens posteriores, foram dadas pela comunidade operária que, anteriormente, operava aquele setor industrial, todos coordenados pelo grupo de antigos mestres Da Cia. Ferro Brasileiro que, agrupados sob a denominação de "*Amigos do Santuário*". Dessa forma, cerca de 45 dias após, as imagens estavam prontas para a montagem final.

Por demonstrado ficou, neste episódio, que em se tratando do BEM COMUM, e havendo espírito de liderança, todos as dificuldades são vencidas e o objetivo comum é alcançado.

Em decorrência dos ajustes descritos acima, o contrato para a execução dessa obra foi assinado em 17 de setembro de 1990, entre a Cúria Metropolitana de Belo Horizonte e o artista, prevendo:

> a) 3 estátuas em ferro nodular, com 3 m de altura, representando Jesus Cristo, a Virgem Maria e São João, pesando cerca de 1 tonelada cada, acabadas em pintura policrômica e no estilo bizantino, em perfeita consonância com a arte iconográfica. Será realizado um modelo da pintura, para ser utilizado nas futuras restaurações.[28]

Contudo, uma das dificuldades não pode ser superada, tal como fora projetada inicialmente: não se conseguiu esmaltar as imagens, por não se dispor dos fornos do porte necessário para tal, e nem o artista dispor da respectiva tecnologia. Um distrato foi assinado entre o artista e o Santuário, regulando a situação.

As imagens foram entregues em 11 de abril de 1991; após, a própria equipe dos "*Amigos do Santuário*" pintou aquelas estátuas em tinta epóxi, monocrômica, de modo protegê-las eficazmente contra as agressões do ambiente natural daquela cumeada.

---

[28] Ver: CÚRIA METROPOLITANA, 1990.

A cruz, latina, dotada de uma travessa-suporte inferior, destinada a receber as imagens, também foi construída no local da sua aplicação, a partir da doação das chapas de aço "cor-ten" cortadas, moldadas e soldadas por operários locais, orientados pelo próprio frei Rosário. Contudo, tal como para a cruz latina ornando a *Igreja das Romarias*, não conhecemos detalhes quanto aos seus projetos. Não obstante, ressaltemos que, em tais casos, quando frei Rosário não declinava o nome de qualquer dos seus colaboradores, quanto à realização de qualquer obra, seguramente, tratar-se-ia de realizações da sua própria lavra e orientação!

O Calvário, conjunto artístico monumental, foi erigido sobre as elevações rochosas terminais do aclive que fecha a esplanada fronteiriça à Ermida. Monumento religioso dominando aquela cumeada, cuja topografia relembra aquelas dos Calvários criados pelos artistas do *Renascimento*, sempre rochosos, tem a sua conformação estética de inspiração clássica. E como tal, pela sua temática, ela seria classificada como uma *"Veneração"*.

Contudo, é uma singular *"Veneração"*, onde estando representados, além do Cristo crucificado, João — dito aí "São João da Cruz" — e Maria — ali, Nossa Senhora da Soledade — o grupo de seguidores do Cristo, que o veneram junto a Maria e João, será constituído pelos próprios romeiros, que acorrem àquele Santuário e Calvário, em espetáculo sempre renovado e emocionante.

Consideramo-lo, pois, um conjunto escultural duplamente singular, provavelmente único na história da arte religiosa cristã. É que, além da sua singularidade como *"Veneração"*, também teve a sua outra singularidade quanto à sua realização: um grande e bem coordenado esforço conjunto de vontades, compostas pelo artista, religiosos, industriais e seus antigos operários, todos irmanados na conquista de um objetivo comum e de grande relevância.

CAPÍTULO 6

VISITANDO A IGREJA DAS ROMARIAS

Que Igreja é esta, que é tão singular em sua concepção? Afinal, como nos referiremos a essa igreja, tão radicalmente moderna, em sua estruturação física? Igreja-Auditório, Igreja-Abrigo, ou, simplesmente, a Igreja das Romarias? Em realidade, ao mesmo tempo, ela é tudo isto que cada denominação sugere, e a um só tempo! Assim a imaginou o seu idealizador e construtor, frei Rosário Joffily. Assim a realizou o seu projetista, o arquiteto carioca, Alcides da Rocha Miranda, modulando a sua inspiração artística com o pensar do seu idealizador, que nela buscava traduzir, não só os sentimentos do *Aggiornamento*, trazidos à luz por João XXIII, no que se referia às novas abrangências da *Doutrina Social* da Igreja católica. Que dali se irradiassem o *Pluralismo* e o *Ecumenismo*, tão necessários e recomendados por Paulo VI, nas relações culturais entre católicos e a multiplicidade das gentes que ali se encontrassem.

Um observador que, vindo da praça fronteiriça à antiga ermida, ao se enveredar pela estrada que leva ao *Observatório Astronômico da UFMG*, hoje rebatizado como *Observatório Astronômico Frei Rosário*, verá à sua esquerda, logo após uma série de rochedos abruptos, um novo platô, com extensão mediana, em nível mais baixo que o platô em que se encontra a ermida, e onde se deparará com o conjunto portentoso da *Igreja das Romarias*. Descendo em rampa suave, até esse conjunto, e após a visão da sua fachada Sul-Sudoeste, inteiramente envidraçada, tal como mostra a foto 6. 1. E uma fotografia tomada em perspectiva acentuada, mas que tem por objeto mostrar a fachada primitiva, inteiramente compota em placas de vidro temperado. Infelizmente, essa fachada foi inteiramente destruída por inesperada e intensa chuva de granizos, ocorrida em fins de dezembro de 2001. Por isso, o registro fotográfico citado.

O visitante se dará conta das dimensões daquela edificação, entre os rochedos, lembrando as edificações religiosas de Lhasa, no Tibet: são cerca de 78,5 m de estruturas, se estendendo no sentido Leste-Oeste e 40,7 m como maior valor da sua profundidade, ou em dimensão transversal, Norte-Sul.

Foto 6. 1 – Igreja das Romarias. Vista da fachada original, envidraçada, doada pelo Delegado da Cie. de Saint Gobain, no Brasil, em 1990. Referência Iconográfica [26]

Desenvolve-se em uma superfície de cerca de 2.400 m². Voltada para a vertenteSul, a sua fachada foi inteiramente composta e realizada em vidros temperados, em 380 metros quadrados de superfícies expostas.[29] Estima-se que as áreas de afluência dessa edificação têm a capacidade de abrigar, simultaneamente, cerca de 5.000 visitantes, romeiros, turistas e frequentadores diuturnos.

O conjunto arquitetônico foi lançado em meio às rochas, e seu ponto mais elevado é mais baixo que as paredes rochosas envolventes, fazendo com que o conjunto se integre perfeitamente ao seu entorno. Ademais, as estruturas de sustentação — muros e paredes do conjunto — tendo sido realizados em concreto aparente, e cujos agregados derivam daquelas mesmas rochas locais, o tempo passa a conferir-lhes certa pátina, que mais os confundem com o castanho-acinzentado daqueles paredões envolventes, itabiríticos em sua origem.

Se o visitante, quando ainda junto do *Calvário Monumental*, houvesse lançado um olhar sobre o conjunto arquitetônico da *Igreja das Romarias*, a partir de uma posição tal que divisasse toda a sua cobertura, poderia como que "sentir", o ondular dos planos da sua cobertura (Veja a foto 2. 2)[30]. Agora, já postado no platô onde se encontra aquela *Igreja*, o visitante perceberá a sua construção em toda a sua plenitude, tal como o mostram, as fotos 6. 3 e 6. 4. Ele perceberá que a sua cobertura — composta por sucessivas cascas em concreto armado — em seu imaginário, lembrar-lhe-á da imagem de uma tenda esvoaçante, no deserto. Imagem, talvez, da tenda que Moisés fez construir, para abrigar o *Tabernáculo*, a teofania primordial das tradições hebraico-cristãs...

---

[29] Em dezembro de 2001, violenta e inesperada tempestade de granizos, destruiu toda a fachada de vidro da Igreja das Romarias. A pedido do então reitor, o Pe. Virgílio Resi, o engenheiro Antonio Marcio de Freitas (do grupo dos Amigos do Santuário) em uma solução mista, em perfis metálicos e vidros temperados, que hoje se encontra aplicada.

[30] Os planos de cobertura foram pintados de branco como um meio de refletir a forte radiação solar incidente durante as jornadas ensolaradas, especialmente nos meses de dezembro a março, limitando assim as fortes dilatações sofridas por aquelas enormes superfícies. As diferenças de temperaturas, entre esses dias muito quentes, e as noites, sempre mais frias, conduziu à tal expediente, limitando assim os movimentos estruturais. Atualmente, novas soluções ao problema foram adotadas, e aquelas coberturas estão revestidas com finas chapas de cobre, apresentando a coloração castanha, comum àquele material quando exposto às intempéries.

Ao se aproximar da Igreja, à sua esquerda, o visitante não só verá, mas sentirá toda a imponência esbelta daquela cruz latina, em seu simbolismo, cingindo toda a edificação que visitará.[31] Mas esta é a mesma cruz que o visitante percebeu ao se aproximar do ponto de vista em que percebeu a sensação do ondular das coberturas; e, tal como a cruz do *Calvário Monumental*, embora concebida por Alcides da Rocha Miranda, não terá sido calculada por nenhum engenheiro de estruturas: o próprio frei Rosário a teria realizado, a partir do seu desenho conceptual. Disto, temos toda a certeza![32]

Um pouco mais à direita desta cruz latina, na extensa fachada envidraçada, situa-se a porta de acesso ao Vestíbulo dessa Igreja. Quando ali entramos, somos surpreendidos pela beleza plástica da pintura mural do artista paulista, Cláudio Pastro, sobre a qual falaremos, quando adentrarmos esse templo. Como *Igreja das Romarias*, ele é a Igreja e o abrigo, capaz de acolher uma multidão de cerca de 3.000 romeiros, simultaneamente, para os ofícios religiosos, ao abrigo das intempéries que, frequente e transitoriamente, tornam inóspito aquele cume. Alcides da Rocha Miranda concebeu o seu projeto em uma superfície total de 2.118 m², divididos em quatro ambientes contíguos, mas funcionalmente

---

[31] Essa cruz foi construída em chapas de aço "Cor-Ten", soldadas. Este, é um tipo de aço estrutural, ligado ao cobre, e de alta resistência mecânica e à corrosão atmosférica, causada pelo meio ambiente. O material para a construção dessa cruz foi doado ao Santuário, pela Usinas Siderúrgicas de Minas Gerais (Usiminas).

[32] Fato que comprova essa hipótese ocorreu com a participação do Autor: certo dia, o A. recebeu telefonema de Frei Rosário, no qual ele o convidava a ir à Serra, pois que ele [Frei Rosário]tinha consulta urgente a fazer, a propósito das obras que realizava. Era um convite habitual para almoçar com ele, pois que, quando em dúvidas sobre o melhor caminho a seguir quanto aos detalhes das obras, ele consultava os seus amigos, na busca das melhores soluções, sempre ao almoço. No dia seguinte, fui à Serra, pela manhã, e frei Rosário conduziu-me ao ponto de suas preocupações: havia cerca de quinze dias, implantara a cruz monumental, ao lado da futura *Igreja das Romarias*, que estava em fase de acabamentos; agora, ao serem retiradas as escoras daquela cruz, ela oscilava lindamente, num plano definido pelos seus dois braços e p seu fuste...Havia uma preocupação de que a cruz não resistisse aos ventos locais... Tranquilizei-o: aquela era uma estrutura muito esbelta, donde as oscilações. Não obstante, adverti-o de que o risco seria o de ocorrer uma fadiga das soldas, junto à sua base. Mas, objetava ele, "Um símbolo de cristandade não poderia transmitir uma imagem de instabilidade, como agora se apresenta esta cruz...". Tranquilizei-o, novamente: levaria o problema para o Departamento de Engenharia da Cia. Ferro Brasileiro, onde se daria uma solução imediata. De fato, dois dias após, estavam disponíveis duas soluções ao problema, tendo sido adotado a mais simples e direta: a ligação do fuste, por dois braços discretos, ao paredão lateral da Igreja.

independentes, como mostrado na foto 6. 2, reprodução da planta baixa e dos cortes de elevações dessa edificação.

    A edificação compreende: 1. A área central, constituindo o Recinto; 2. O vestíbulo; 3. O pequeno auditório; 4. A Galeria da Discoteca e dos Serviços. O arquiteto imaginou a edificação estruturada em torno de um pilar central, cujo ápice se encontra a 12,81 metros acima do piso. Nesse pilar, convergem todas as superfícies das coberturas de toda a edificação (constituídas por "casacas" de concreto armado), cuja confluência é inteligentemente aproveitada para a realização de uma abertura zenital, de iluminação e aeração, como pode ser visto na foto 6. 4. O desenvolvimento completo dessa cobertura não pode ser observado nessa fotografia, dada a sua frontalidade; contudo, podemos descrevê-lo, como se seguirá: a partir do muro lateral à direita, o qual limita internamente o ambiente do Recinto, e o muro à esquerda, no qual se apoia o cruzeiro, limitando o ambiente interno do Vestíbulo, a cobertura passa a elevar-se em um rápido movimento parabólico ascendente, projetando-a para o céu. O sol estando a pino no momento da tomada dessa foto, aquele movimento ascensional revela-se por meio da sombra projetada na frente do edifício: um trapézio de sombra, que se projeta contra os 380 metros quadrados de superfície da fachada dessa igreja, toda revestida em vidros temperados de grande espessura. A edificação tendo sido realizada em concreto aparente, suas dimensões relativas lhe comunicam uma sensação de grandiosidade e solidez, como convém a um templo cristão, o qual espera-se estar destinado à travessia dos milênios.

    Ao mesmo tempo, leveza e graciosidade naquela cobertura, tal, que o imaginário do fiel traduz como que em suave ondular das panarias de uma tenda, agitadas pelos ventos do deserto, onde Moisés recebeu, do Deus de Israel. as formas construtivas para o Seu Templo. Mas nesse imaginário que transcende as Idades, o fiel também se lembrará das águas de um mar plácido, também levemente agitadas por ventos favoráveis e fendidas pela quilha de uma barca, que transporta a mensagem social do *Pastor et Nauta*.

O Recinto, ou seja, a parte central da edificação, local onde é disposto o altar cerimonial para as celebrações litúrgicas, foi concebido na forma deum prisma pentagonal, cuja base apresenta a área de 818 m². O volume interno desse prisma pentagonal é conformado pelo pilar central que, fortemente inclinado para a região central, tem a sua base superior truncada pela convergência simultânea de cinco planos de cobertura, um dos quais se projeta em direção à fachada principal; o segundo, em direção ao vestíbulo; o terceiro, à esquerda, se projeta em direção ao pequeno auditório; fortemente inclinados, quase verticais, os dois últimos planos constituem as superfícies de fechamento posterior do Recinto.

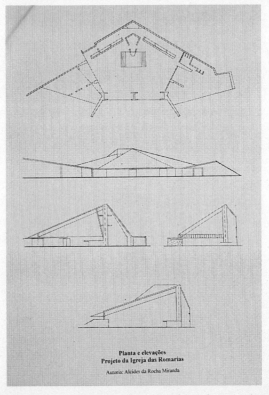

Foto 6. 2 – Planta baixa e cortes em elevação planta baixa, cortes e elevação. Igreja das Romarias. Reprodução de traçados originais de Alcides da Rocha Miranda. Referência Iconográfica [27]

Foto 6. 3 – Vista da Igreja das Romarias. Detalhe da sua cruz Latina, delgada. Detalhado sistema de aeração. Referência Iconográfica [28]

Foto 6. 4 – Outro detalhe do sistema de aeração. Na extremidade à direita, o "pequeno auditório". Referências Iconográficas [29]

Esses dois últimos planos compõem, estruturalmente, e junto ao pilar central, a sustentação da edificação.

Esse conjunto forma, assim, uma pirâmide, cuja face voltada para o Recinto, é o próprio pilar central, que é, também, o ponto de origem de todos aqueles planos de cobertura. Daí o seu lançamento, fortemente inclinado em direção ao Recinto, e espetacularmente elevado, apresenta-se assim, nesta porção do espaço interno do Recinto, como se fora uma grande e poderosa quilha: — "É a barca de Pedro!" exclamará o Crente...

Mais uma vez, se fará presente ao fiel, a imagem do *Pastor et Nauta*. Discretamente situadas nas paredes direita e esquerda esta quilha, abrem-se duas portas para o seu interior, onde se dispõe um altar com o sacrário e a sua luz ritual, sempre iluminada: é o *Sancta Sanctorum* dessa "tenda no deserto".

Ao fundo e parecendo nascer dessa quilha imensa, estendendo-se à direita e à esquerda, as amplas superfícies dos dois planos de fechamento posteriores: um dia, contemplando essas amplas superfícies, frei Rosário sonhava ali implantar dois grandes órgãos de tubos. Ele os antevia, dialogando, musicalmente, durante os grandes momentos de elevação espiritual, que ali teriam lugar, em futuro bem próximo!

Para obter esses órgãos — sonhador incorrigível — ele dizia pensar em conduzir uma campanha que, visando obtê-los por meio de doação, buscaria realizá-lo na Alemanha, onde tais instrumentos musicais ainda possuem uma importante tradição de fabricação. "... e onde — ele completava o seu sonho — o Estado estimula aos crentes de boa vontade, a tais doações!".

Quando, tendo às costas o pilar central, o visitante lançar um olhar ao Recinto, à sua direita, perceberá que este espaço é separado por uma parede longa, seguindo a direção de um dos lados daquele pentágono e que, subitamente se detém, permitindo uma passagem franca entre os dois ambientes que ali se encontram. O ambiente à direita é o Vestíbulo, espaço por onde o fiel adentrarão seu templo. Por isso mesmo, segundo as tradições construtivas religiosas, à entrada do vestíbulo se encontra o Batistério: localiza-se, ali, a Pia batismal, antigo local de convergência dos catecúmenos, antes de lhes ser permitido penetrar no templo, o que ocorreria após o batismo.

Ao entrar nesta Igreja, e percorrendo esse caminho, o visitante se depara com todas as paredes do Vestíbulo, e aquelas do Recinto, revestidas em azulejos decorados com representações artísticas de temas bíblicos, como os três Arcanjos e os Evangelhos, segundo Lucas; como o Apocalipse de João e, finalmente, aquele de uma *Pietà*, de profunda inspiração no *Pluralismo*, inscrito na *Doutrina Social da Igreja*.

Policromias realizadas sobre 780 metros quadrados de superfícies de azulejos, de autoria do artista plástico paulista Cláudio Pastro, retratam os temas citados acima. Sobre elas, falamos anteriormente, em capítulo dedicado à Arte na Serra da Piedade.

À esquerda, separado do Recinto em outra das linhas da sua base pentagonal, o *Pequeno Auditório* tem início. A ampla passagem poderá ser fechada segundo as conveniências do tempo: geralmente, um cortinado pesado, em duplo reposteiro, seria suficiente para bem isolar dois eventos que se realizassem, simultaneamente, naqueles dois locais.

O *Pequeno Auditório* foi pensado para abrigar apresentações artísticas, sejam teatrais, sejam musicais, particularmente de música antiga, sacra ou profana. Por isso, o quarto ambiente: a *galeria e discoteca*. Colocada entre o paredão de rochas e o fim das edificações, com acesso pelo pequeno Auditório, além da sua função explicitada — Discoteca — é uma grande galeria de serviços.

Ao fundo do *Pequeno Auditório*, encontra-se a lareira, de grandes dimensões, capaz de manter aquecido aquele ambiente, nas noites frias da Serra. Por ser historicamente oportuno neste momento, registremos que essa lareira foi inteiramente construída com tijolos refratários oriundos da última reforma realizada sobre o forno de tratamento térmico de tubos centrifugados, da antiga fábrica da Companhia Ferro Brasileiro. Trata-se, pois, de uma das poucas memórias monumentais daquela siderúrgica, que foi uma das pioneiras na transformação do ferro-gusa industrializado em Caeté; e que, entre tantas outras atitudes de apoio ao Santuário, também doou aqueles tijolos especiais, que durarão tanto quanto a própria edificação que os empregou.

A *Igreja das Romarias* demandou 18 anos da vida de frei Rosário, para a sua realização. Ela foi construída na medida em que as doações de materiais eram recebidas, na Serra da Piedade. Em valores orçados para o ano de1974, o custo dos materiais para essa obra, era de Cr$ 1.533.350,00, incluído saíos custos das fundações e dos muros ciclópicos os quais já estavam realizados quando da presente avaliação. Se expressarmos esse valor em moeda americana naquele ano, resultará um valor de US$ 240.337,00, para os materiais, e não incluídos aí o valor de realização das obras de arte aplicadas nas diversas decorações. Projetando o custo da mão de obra para a realização dessa obra em 40% do seu custo total, seguir-se-á o valor total da obra, agora estimado em US$ 400.000,00.

As representações na *Igreja das Romarias*

Na arte mural realizada no interior da *Igreja das Romarias*, merece destaque especial quanto à sua interpretação, uma série de *teofanias*, sucessivamente representadas ali. Comentaremos aqueles aspectos que mais nos sensibilizaram durante uma nossa visita, mas não queremos sugerir, de forma alguma, que os demais visitantes devam seguir tal toteiro. Nossas interpretações, a porque a até aqui realizada, de fato, é emocionante.

Sobre os 780 metros quadrados de superfície de pinturas ceramizadas, Claudio Pastro realizou uma representação do Evangelho segundo Lucas, em uma linha de narração historicizante. Distribuídas em murais contínuos, com cerca de 2,0 m de altura, e personagens representadas em tamanho natural, estas são, apenas, delineadas em traços incisivos, nas cores preto, marrons e branco, ou prateado, sobre um fundo ocre, imprimindo, assim, o necessário movimento, para a interpretação dos quantos os contemplem.

A técnica de representação adotada pelo artista causa forte impacto sobre o observador, e ele se sentirá como que se fora um partícipe dos acontecimentos, graficamente narrados. Ele se interrogará sobre uma resposta objetiva às novas posturas da *Doutrina Social da Igreja*, quanto ao principal objetivo da mesma: — não mais *"Em que devemos crer?"*, mas respondendo à questão: *"Como devemos crer?"*.

Como todas as realizações no Santuário, também esta é uma resposta à questão acima, já vista: *"Como devemos crer?"*. Foi esta a resposta, dada por Claudio Pastro, não só com a sua arte, mas também pelo responsável pela realização dessas cerâmicas, o senhor C. A. Afrânio, ceramista da empresa *Indústrias Cerâmicas do Paraná* (Incepa), que os fabricou. A obra, pronta, foi doada ao Santuário pelo casal *Rudolf e Leonor Göringer*, proprietários da Incepa.

Antes de tudo, o visitante perceberá, à sua esquerda, a delgada cruz latina que domina, em sua imponência dimensional, toda a edificação, a qual é vista na foto 6.3. Um pouco mais à direita dessa cruz, localiza-se a entrada do templo, com o acesso ao seu Vestíbulo.

Ao entrar, somos como que recebidos por *Gabriel*, singela e expressivamente representado na iconografia de Cláudio Pastro, que adentra nas paredes do Templo. Gabriel é o anjo porta-voz de Deus; é aquele que anuncia as boas novas, e as explica.

A seguir, vemos o anjo Rafael, vindo do Céu e em nossa direção; ele tem um turíbulo na mão, e com isto indicando que estamos penetrando em um lugar de oração e de meditação. Mais à frente, à direita e antes da pia batismal, vemos a *Miguel*: à mão esquerda ele porta um cajado, o qual é encimado por uma cruz latina. Miguel é o anjo guerreiro das iconografias barrocas; por isso o cajado e a cruz, indicando que a Fé venceu, e o mal foi derrotado com a ressurreição do Cristo. Por isso, também, na mão direita ele não traz a espada; antes, convida o visitante a continuar o seu trajeto, com um gesto amistoso e acolhedor, porque estamos no limite onde, na Igreja Antiga, eram detidos os *catecúmenos*. É o **batistério**, e dele voltaremos a falar, mais adiante.

Nessa representação da tríade angélica, o artista a realizou livremente, sem obedecer a qualquer linha de narração bíblica, como fez ao criar uma leitura do Evangelho segundo Lucas, e a representá-lo a seguir, ao longo dessas paredes.

Mas, há uma razão para essa iconografia. De fato, as referências aos anjos foram muito frequentes, tanto nos *Antigo* quanto no *Novo Testamento*; mas, a crença nos anjos, jamais foi artigo de fé dogmática, embora o seu estudo seja importante na Teologia.

O nome genérico, *anjo*, é derivado do grego, *angelos*, significando *mensageiro*, no preciso sentido daquele a quem foi confiada uma mensagem a ser levada para outrem. Contudo, a partir do século VI, no latim eclesiástico, aparecia a palavra *angelus*, designando seres alados e etéreos, portadores das mensagens divinas, ao *Povo de Deus*. Daí derivou a palavra *anjo*, no vernáculo, mantendo o significado que aquele do latim eclesiástico, ou seja, aquele que leva a mensagem de Deus (Lucas, 1; 26-38).

Nos relatos bíblicos sobre as aparições, os *anjos* são descritos como seres alados, plenos da majestade do poder sobrenatural que os envolve; às vezes surgem como pessoas comuns, portando os trajes habituais à época e local onde aparecem. São descritos como possuindo o poder de castigar os seus interlocutores (Lucas, 1; 5-20), ou às vezes têm a missão expressa de dizimar os inimigos do Povo de Deus. No entanto, os anjos bíblicos, como mensageiros de Deus, não mudam, nem pretendem mudar, o curso da História, mas tão somente conduzem sugestões de alterações comportamentais aos seus partícipes; ensejam, dessa forma, alternativas que virão a se consolidar no decurso dos acontecimentos, formando o leito por onde fluirá essa mesma História. Tal é, por exemplo, o descrito em (Mateus, 2; 13-15), sobre a fuga da Sagrada Família para o Egito. Por isso, há quem defenda o ponto de vista de que os anjos não sejam, apenas, criaturas de Deus, mas próprio *Espírito Divino*.

E é isto que o artista quer significar ao colocar, naquela tríade, os dizeres: *El-Gab*, *El-Mig* e *El- Rafa*.*Gab*, *Mig* e *Rafa*, são abreviaturas dos nomes Gabriel, Miguel e Rafael; a partícula *El*, na língua hebraica, significa *Deus*. Dessa forma, quis ele significar que é o próprio Espírito Divino que, ali, recebe àqueles que são sensíveis ao mandamento de *amar ao próximo como a si mesmo*, dando-lhes as boas vindas e os conduzindo a um local de orações, onde se verão protegidos do Mal, e entre o Povo de Deus.

Voltemos, agora, ao Batistério.

Mas, que lugar seria este, em que estamos agora, senão aquele onde sempre é relembrada a grande teofania que revelou Jesus como o Cristo, à toda a Humanidade?

Cláudio Pastro o faz com toda a sua sensibilidade, criando o recanto mostrado na foto 6. 4, ao representar em fundo escuro, uma pomba — representação do Espírito Santo — E a Voz sonante: "Este é o meu Filho Muito Amado" (Lucas, 3; 21).

O artista representa o instante em que o Divino se manifesta, em toda a sua intensidade, no mundo profano, ao se tornar parte do "Povo de Deus". É isto que o artista nos mostra, lembrando Lucas (3; 21-23), ao representar a pomba, em momento da corporificação do Espírito Divino, e as palavras então ouvidas, quando João, o "baptista", dera o batismo a Jesus. Estamos, pois, no batistério, e a foto 5. 3, reproduz aquela cena, interpretada pelo artista.

Essa fotografia também mostra a singela e, no entanto, bela, pia batismal.

Foto 6. 5 – Batistério da Igreja das Romarias. Mural de Cláudio Pastro. Em primeiro plano, Pia Batismal realizada por operários da extinta CFB, a partir da raiz de um eucalipto dos reflorestamentos locais. Referência Iconográfica [30]

Essa pia também é singular e única, tendo sido realizada em Caeté, pelo grupo de *"Amigos da Serra"*, a partir da raiz de um eucalipto — variedade *saligna*, certamente cinquentenário, e incomum em seu avantajado porte — oriunda de um dos reflorestamentos locais dos primeiros reflorestamentos realizados pela CFB, aquela raiz foi preparada e torneada em máquina de grande porte, então disponível na *Oficina de Moldes*, da Companhia Ferro Brasileiro. Após esboçada e torneada, a peça foi entalhada e acabada pelas mãos de artesãos da cidade de Caeté, todos partícipes do grupo dos *Amigos do Serra*.

Ainda no Vestíbulo, o visitante, voltando o seu olhar para a parede oposta àquela do batistério, se encontrará diante uma iconografia das mais sublimes desse conjunto: é uma *Pietà*, pintada e ceramizada sobre azulejos; é a interpretação que o artista dá ao escrito em Lucas (23; 53), para Nossa Senhora da Piedade, a Padroeira deste cimo, e de Minas Gerais.

Aqui, Claudio Pastro representa Maria, — *Mater Dolorosa* — em pé, hierática, os braços cruzados sobre o peito; Seu filho aos seus pés, como mostra a Foto 6. 6.

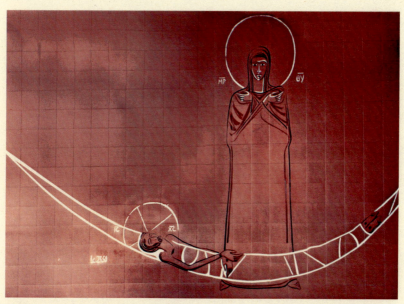

Foto 6. 6 – Maria, **Mater Dolorosa** – Uma interpretação da Pietà, segundo Cláudio Pastro. Pintura sobre azulejos, ceramizada. Referência iconográfica [31]

O olhar de Maria é triste e meditativo; no traçado firme dos seus lábios, imaginamo-los repetindo, numa consciente renovação da Sua decisão, quando da *Anunciação*: "*Sou a serva do Senhor*". Mas, ela não olha diretamente para o Seu filho; olha para aqueles que chegam, e o seu olhar transmite a mensagem da fé cristã: *Vêja, o Seu holocausto. Ele o dedicou à tua redenção, como Povo de Deus, que és.*

Tornou-se uma tradição na criação de representações, na iconografia cristã, o ato de O descerem da cruz, Maria O recebendo em seu colo... É assim que a vemos representada na *Pietà* que se encontra no altar-mor da Ermida, imaginada pela genialidade do *Aleijadinho*, bem como em tantas outras obras-primas (foto 4. 4). Aqui, Cláudio Pastro O imagina de forma radicalmente divera: Ele vem de ser depositado sobre o linho mortuário, que lhe foi providenciado por José, de Arimatéia. Sobre este linho, Lhe aplicarão o aloé, o nardo e a mirra, para, depois, levarem-no ao sepulcro. Ao traduzir sua interpretação do Evangelho segundo Lucas (Lucas 23; 50-59), Cláudio Pastro vê, no linho mortuário, uma longa estrada, ligada à Terra (nascendo, esse linho, de uma parede do Templo) e projetando-se para a amplidão infinita, ao Céu; e Ele, posto sobre o linho, é o próprio traço-de-união entre as duas realidades: a imanência, da Terra, e a transcendência do Céu, postas uma diante da outra, por meio o Sacrifício do *Filho muito amado*.

Contudo, essa bela, singular e instigante representação propõe-nos outra importante reflexão, ainda que o artista não faça referências explícitas a ela. De fato, diante desse quadro, não evitaremos as seguintes perguntas:—Quem reclamou o corpo do Cristo? Quem providenciou retirá-Lo da cruz? Quem providenciou o linho, além de Lhe destinar um túmulo que, segundo o Evangelista, fora recém construído? Essa pessoa era um homem influente junto a Pilatos e, obviamente, rico. Era José, da cidade de Arimatéia; era membro do Sinedrim, diz o Evangelista; homem rico e senador, diz outro evangelista (Marcos, 15; 42-47); homem rico e discípulo de Jesus, diz o terceiro evangelista (Mateus, 27; 67-61). Não era, pois, sacerdote; era, contudo, um dos anciãos do Concelho, e economicamente abastado; em outras palavras: era um rico, honrado e justo homem.

Em sua maior clareza, encontramos aqui um exemplar — mas não, tão comum —interpretação da *parábola do came*lo (Lucas, 18; 25): não é o fato de ser rico que dificulta a entrada de um homem no Reino do Céu, mas o uso que faz de sua riqueza, o que o torna, ou não, num justo. Estamos, então, refletindo sobre as origens e a evolução do conceito da transformação da riqueza pessoal em *Bem Comum Universal*, conceito que viria a ser esboçado com Leão XIII, desenvolvido em Pio XI, ampliado, consolidado e proclamado sob Paulo VI e, entusiasticamente vivenciado por frei Rosário Joffily, no Santuário de Nossa Senhora da Piedade.[33]

Agora, queremos lembrar ao visitante, durante o seu caminhar, para alguns aspectos dos mais arrebatadores, traduzindo a religiosidade do artista, a qual foi registrada nos painéis que circundam o Recinto. Entre outros tantos, chamamos a sua atenção para a cena reproduzida na foto 6. 7.

Foto 6. 7 – "Jesus, o Mestre", segundo Cláudio Pastro. Referência Iconográfica [32]

---

[33] Sobre o conceito de *Bem Comum Universal* na Doutrina Social da Igreja Católica, e em particular, no Santuário de Nossa Senhora da Piedade, ver o título 4.4-1 deste volume. Ver também, para discussão mais completa: ÁVILA, 1993, p. 50 – Verbete: Bem Comum.

A interpretação que o artista dá ao Cristo, tal como o sentiu Lucas (Lucas 4; 16-30), na passagem em que Jesus, estando na sinagoga de Nazaré, em um sábado, faz a leitura e uma interpretação de Isaías. Na condição de *Mestre e Evangelizador*, Jesus é representado assentado e tem as Escrituras na mão esquerda, e se apoiam sobre o seu colo; a mão direita assume a posição de benção, erguida à altura do plexo solar, e com o dedo polegar e o mínimo, juntos, os demais distendidos. A expressão facial é serena e firme; o conjunto é hierático e também o imaginamos assim, justo após haver dito, aos frequentadores da sinagoga, as palavras: *A Hoje, esta escritura se realizou para vós que a ouvis.*

Jesus tem sido assim representado, nessa forma hierática e altiva, ao longo dos diversos momentos da História da Arte Sacra, mas em contextos bastante diversos, como já comentamos em outra parte deste trabalho. Vemos, então, que na sua criação, Cláudio Pastro revelou outro aspecto de Jesus, pouco, ou talvez, jamais representado com toda a sua expressividade: Jesus, o *Mestre*.

Foto 6. 8 – *A árvore da vida*. Uma livre interpretação do artista, sobre citação no Apocalipse, de São João. Referência Iconográfica [33]

Percorridas todas as passagens de Lucas, já entre as duas portas de saída do Recinto, em painel isolado, mas ainda voltado para o interior daquele Recinto, encontramos a representação de uma árvore, de frutos multicoloridos, em torno da qual esvoaçam os pássaros, em um estuar de vida: É a visão do artista para a *Árvore da Vida!*

Lucas não fala sobre a *Arvore da Vida* no seu Evangelho. Também, Mateus, Marcos ou João, nada falam sobre ela. Encontramos referências à *Arvore da Vida*, o *Apocalipse*, (cap. 2; versículo 7). No capítulo 22, versículos 1-6, encontramos sua descrição: ela se encontra em uma praça da *Cidade de Deus*, banhada pelas duas correntes de *Água Viva*, que jorram dos tronos de Deus e do Seu Filho.

Também encontramos essa alegoria em Gênesis (2; 7-9 e 3; 2-3), como a árvore da sabedoria, que Deus proibira a Adão e Eva de a tocarem e comerem de seus frutos, sob pena da perda da imortalidade. Essa árvore diz, pois, respeito à **vida eterna**. No Apocalipse, a *Arvore da Vida* também é associada à vida eterna, reservada aos justos e tementes à Deus.

Com a linguagem da sua arte, Cláudio Pastro sugere que, aquele que teve *ouvidos para ouvir, e olhos para ver* o desenrolar do Evangelhos apresentado, e tenha a firme intenção de conduzir-se na justiça e no amor, terá como recompensa os frutos dessa árvore, e viverá a vida eterna. Por isso ele a apresenta naquele local e posição: O *Povo de Deis*, que deixa o Templo após o Ofício Divino, em verdade constituem as duas correntes de *Água Viva*, banhando a Árvore da Vida.

Mas, tudo isso que dissemos, é fruto de uma reflexão pessoal sobre as mensagens contidas nesta Igreja. Por isso, recomendamos que seja ela visitada e fruída por todos, em encantamentos.

Percorridas todas as passagens de Lucas, já entre as duas portas de saída do Recinto, em painel isolado, mas ainda voltado para o interior daquele Recinto, encontramos a representação de uma árvore, de frutos multicoloridos, em torno da qual esvoaçam os pássaros em um estuar de vida: É a *Árvore da Vida!*

REFERÊNCIAS ICONOGRÁFICAS

[1] – Foto 1. 1. *O Cristo Pantocrator entre os Imperadores de Bizâncio, Justiniano e Teodora*. Mosaico da Igreja de Santa Sofia, em Bizâncio (Istambul). Autor e veículo da reprodução fotográfica desconhecidos.

[2] – Foto 1. 2. *Cristo Pantocrator*. Arte bizantina, do séc. XI. Mosaico na ábside da catedral de Cefalù, província de Palermo, na Sicília (Itália). *In*: PISCHEL, Gina. [1966]. *História Universal da Arte*. São Paulo: Melhoramentos/Mirador Internacional, [197?]. p. 21.

[3] – Foto 1. 3. *Pietà*. Cosmè Tura – Data provável: 1450. Sem maiores detalhes sobre a execução. Depositada no Museu Correr, Veneza. *In*: ARTE NOS SÉCULOS. São Paulo: Abril Cultural, [196?], v. 3, p. 561.

[4] – Foto 1. 4. *Pietà*. Rogier Van Der Weyden, 1440-1450. Têmpera sobre Madeira, medindo 47 x 35 cm. *Museu de Madri* (Há uma réplica no *Berlin-Dahlen Museum*). *In*: RAGGHIANATI, Carlo L. *Encicçlopédia dos Museus*. 2. ed. São Paulo: Melhoramentos/Mirador Internacional, 1968.

[5] – Foto 1. 5. *Pietà*. Pietro Perugino – Data aproximada: 1493. Óleo sobre madeira, medindo 176 x 168 cm. Caleria Uffiizi, em Florença. *In*: RAGGHIANATI, Carlo L. *Encicçlopédia dos Museus*. 2. ed. São Paulo: Melhoramentos/Mirador Internacional, 1968. p. 75. v. UFFIZI-Florença.

[6] – Foto 1. 6. *Pietà*. Autor desconhecido. Fim do "Quatrocento" espanhol: escultura em madeira pintada, Catedral de Barcelona. *In*: ARTE NOS SÉCULOS. São Paulo: Abril Cultural, [196?], v. 3. p. 626.

[7] – Foto 1. 7. Michelangelo: *La Pietà*. Ano de execução: 1499. Escultura em mármore polido. Em Roma, na Basílica de São Pedro. In: PISCHEL, Gina. [1966]. *História Universal da Arte*. São Paulo: Melhoramentos/ Mirador Internacional, [197?]. p. 170.

[8] – Foto 1. 8. Michelangelo. *Pierà* – Catedral de Florença. Ano de execução: 1547. In: ARTE NOS SÉCULOS. São Paulo: Abril Cultural, [196?], v. 3. p. 626. Figura 223.

[9] – Foto 1. 9. Michelangelo. *Pietà Rondanini*. Execução: iniciada em 1555. Inacabada. Museu Cívico do Castelo – Milão. In: ARTE NOS SÉCULOS. São Paulo: Abril Cultural, [196?], v. 3. p. 656. Figura 224.

[10] – Foto 1. 10. *Igreja de N.ª S.ª do Bonsucesso e São Caetano*. Caeté, MG. Primeira igreja construída em cantaria, em Minas Gerais. Obra do século XVIII. Projeto de Manuel Francis Lisboa e construída pelo mestre Antonio da Silva Bracarena e sob fiscalização do ainda jovem, Antonio Francisco Lisboa (Futuramente, o Aleijadinho). Foto do acervo pessoal do autor.

[11] – Foto 2. 1. *A Serra da Piedade*. Óleo sobre tela (350 x 600), de autoria do artista caeteense José Custódio Caldeira (1995). Acervo do autor. Reprodução fotográfica pelo autor.

[12] – Foto 2. 2. *Aspecto geral das rochas no topo de Serra da Piedade*. Foto tomada pelo A., a partir da entrada da "Casa dos Romeiros". Ao fundo, a ponta superior da cruz latina (muito delgada) ao lado da Igreja das Romarias.

[13] – Foto 2. 3. *Detalhe estrutural das rochas itabiríticas no cume da Serra da Piedade*, explicando a origem dos "olhos d'água", surgindo em vários pontos da Serra, segundo explicado no texto. Foto tomada pelo A.

[14] – Foto 3. 1. *Cruz-ícone*, anunciando o início das terras do Santuário. Estrutura monumental em concreto armado. Criação do arquiteto Alcides da Rocha Miranda. Foto tomada pelo A., ano de 1996.

[15] – Foto 3. 2. Santuário de N.ª Sr.ª da Piedade: Via-Sacra — Estação V, de um total de quinze Estações. Autoria de Paulo Schmidt. Serigrafia sobre cerâmica. Data da realização: década de 1990. Foto do A.

[16] – Foto 3. 3. Santuário: Praça da Acolhida. No centro do canteiro, o bronze de Ceschiatti: "Piedade". Foto pelo A., em 2017; ver texto.

[17] – Foto 3. 4. Bronze de Alfredo Ceschchiatti, honrando Nossa Senhora da Piedade. Trata-se da mesma escultura vista na referência iconográfica [16], porém em melhores condições de proximidade e iluminação. Foto tomada pelo A. em 1999.

[18] – Foto 4. 1. Planta baixa do cláustro e ermida. Fonte: arquivo documental do Santuário. Esta planta foi levantada por ocasião do tombamento do Santuário, pelo Iphan. Ela não representa, portanto, a construção original, a qual foi acrescida das duas torres sineiras, em fins do século XIX, por determinação do Monsenhor Domingos Pinheiro. Foto do A.

[19] – Foto 4. 2. Vista frontal da ermida e cláustro. Foto tomada na década de 1990, quando a escadaria de acesso já se encontrava inteiramente acabada. À sua fachada, foram-lhe acrescentados o vigamento longitudinal e as quatro colunatas delimitando as torres sineiras. Além disso, acrescentaram às estruturas das torres, os cobogós e os pináculos cerâmicos, tudo dando certa graciosidade ao conjunto. Note-se, na torre à esquerda, a presença do sino de bronze, original da construção da ermida (embora, então, não houvesse as torres), conforme data gravada de fundição: 1767. Foto tomada pelo A.

[20] – Foto 4. 3. Conjunto do altar-mor, com seu retábulo e "Pietà" de autoria de Aleijadinho, na Ermida de N.ª Sr.ª da Piedade e de Santa Bárbara. Peças originais do século XVIII. Foto do acervo do Santuário.

[21] – Foto 4. 4. "Pietà". Autoria do Aleijadinho, provavelmente esculpida entre 1765 e 1767, quando Antonio Francisco Lisboa se encontrava ocupado na construção da igreja de São João de Morro Grande, após construída e terminada a decoração em talhas, da igreja de N.ª Sr.ª do Bonsucesso, de Caeté. Foto do acervo do Santuário de N.ª Sr.ª da Piedade.

[22] – Foto 4. 5. Alegoria sobre ermida de N.ª Sr.ª da Piedade. Óleo sobre madeira (1000 x 650). Autoria de Mariana Moreira, artista caeteense. Obra do acervo de J.C. Vargens Tambasco. Provável ano de realização: 1980.

[23] – Foto 5. 1. Vista aérea da ermida e cláustro: Serra da Piedade. Início dos trabalhos de restauração após o tombamento, pelo Iphan; início das obras para a reurbanização dos espaços e projetos das demais obras, como o restaurante panorâmico, a Igreja das Romarias e a Casa de Orações. Data provável da foto década de 1970; foto do acervo do Santuário.

[24] – Foto 5. 2. Aspecto do platô fronteiriço à ermida, em época de festas do jubileu. Contra as rochas circundantes, dos quiosques improvisados para a venda de alimentos, refrescos e água potável aos romeiros. Ver texto. Registre-se, como curiosidade histórica, no alto e a esquerda, o quiosque das Irmãs Auxiliadoras de V. S. da Piedade: em seu quiosque eram vendidos os produtos — doces e embutidos — produzidos no Asilo São Luís; registre-se que elas forneciam água potável aos quantos a demandassem. Data provável: ano de 1950.

[25] – Foto 5. 3. Calvário Monumental. Esculturas fundidas em ferro fundido nodular, com 3 metros de altura, cada. Criação do artista plástico Vlad Pœnarù. Data da realização: 1990. O conjunto forma, com os romeiros que o visitam, uma *Veneração* ao vivo. Foto do acervo do A.

[26] – Foto 6. 1. Vista em perspectiva, da fachada original da Igreja das Romarias. O envidraçamento, em vidros temperados, foi doado ao Santuário pelo Delegado da Compagnie de Saint Gobain, no Brasil, em 1990. Foto tomada pelo A.

[27] – Foto 6. 2. Planta baixa, cortes e elevações da edificação da Igreja das Romarias e do "Pequeno Auditório". Origem: estudos publicados por Alcides da Rocha Miranda. Reprodução fotográfica pelo A.

[28] – Foto 6. 3. A Igreja das Romarias em fase de acabamentos. A esguia, cruz latina, muito delgada, em aço "cor-tem". Aspecto da cobertura, em concreto, com o sistema de ventilação zenital. Ver texto, para outros detalhes. Foto tomada pelo A, 1990.

[29] – Foto 6. 4. Outro detalhe construtivo da Igreja das Romarias, mostrando a extremidade à direita, onde se localiza o Pequeno Auditório. Foto tomada pelo A, 1990.

[30] – Foto 6. 5. Batistério da Igreja das Romarias. Ao fundo, mural de Cláudio Pastro. Em primeiro plano, Pia Batismal realizada por operários da extinta CFB, a partir da raiz de um eucalipto dos reflorestamentos locais. Realizada em peça única, torneada, talhada e revestida em epóxi branco. Foto tomada pelo A, 1990.

[31] – Foto 6. 6. Maria, **Mater Dolorosa** – Uma interpretação da Pietà, segundo Cláudio Pastro. Pintura sobre azulejos, ceramizada. Painel frontal ao batistério da Igreja das Romarias. Foto tomada pelo A, 1990.

[32] – Foto 6. 7. Jesus, "O Mestre". Uma interpretação do *"Pantocrator"* segundo Cláudio Pastro. O autor situa um aspecto de Jesus, citado em Lucas, e que Claudio Pastro destaca como *"O Mestre"*. Foto tomada pelo A, 1990.

[33] – Foto 6. 8. *"A ARVORE DA VIDA"*. Alegoria de Claudio Pastro, relativa ao Capítulo 22 do Apocalipse. É a árvore mítica, produzindo 12 frutos que a cada mês gera uma qualidade de frutos e cujas folhas formarão as coroas das nações. Foto tomada pelo A, 1990.

REFERÊNCIAS

1 – Fontes Primárias

ANDRADE, Rodrigo M. Franco. Carta dirigida ao Sr. Edmundo Regis Bitencourt (Diretor do DNER), em 10 de agosto de 1960, tratando do término da estrada de acesso à Ermida da Serra da Piedade. Arquivos da Ermida de N.ª Sr.ª da Piedade.

CENTRO DE DOCUMENTAÇÃO E INFORMAÇÃO DA CÚRIA METROPOLITANA DE BELO HORIZONTE: PASTAERMIDA DE N.ª Sr.ª DA PIEDADE. Carta de Dom Silvério Gomes Pimenta, datada de 06 de novembro de 1876, dirigida à Irmandade de Nossa Senhora da Piedade, referindo-se à Serra da Piedade como "... a serra fronteira à Villa Nova da Rainha do Caethé".

COMPANHIA FERRO BRASILEIRO. Parecer do Serviço Jurídico sediado na Usina de Caeté, sob n.º SJ 26/57, datado de 13 de agosto de 1957, sobre o Tombamento da Serra da Piedade.

COMPANHIA FERRO BRASILEIRO. "Planta de Pesquisa para minério de ferro na Serra da Piedade-CFB/SCD1-009"; Memorando Interno, DG→SCD, em 07.12.1944; "Análises de amostras colhidas na Serra da Piedade, em 20 de abril de 1940- Descoberto"; "Relatório de pesquisas de minérios na Serra da Piedade pelos srs. F. P. Castro, A. Cavalcanti e R. Duarte., em 25.11.1944". Cópias xerox, no arquivo particular do autor.

COSTA, João de Resende. Dom. Bispo coadjutor de Belo Horizonte: Carta dirigida ao sr Louis Poupet, Gerente da Usina de Caete, da CFB, em 21 de julho de 1960, sobre a mineração no Descoberto. Arquivo da Ermida da Serra da Piedade.

CURIA METROPOLITANA DE BELO HORIZONTE. *Consagração de Minas Gerais à Nossa Senhora da Piedade*. Belo Horizonte: Imp. Oficial, 1961. No arquivo do CeDiC/Pasta: Ermida de N.ª Sr.ª da Piedade.

GOMIDE, Antonio Gonçalves. *Impugnação analytica ao exame feito pelos clínicos Antonio Pedro de Souza e Manoel Quintão da Silva em uma rapariga que julgarão santa, na capella da Senhora da Piedade da Serra*. Rio de Janeiro: Imprensa Régia, 1814.

GOMIDE, Herbert Luís (coord.). *Igreja-Auditório da Serra da Piedade*. Memória-Orçamento-Projeto arquitetônico e estrutural. Serra da Piedade-Caeté, out. 1974. (Arquivo de CeDiC, Belo Horizonte, Pasta: Igreja de N.ª Sr.ª da Piedade).

JOFFILY, Frei Rosário (Doc. atribuído a). *Breve relato da administração da Igreja na Serra da Piedade, relativamente à ecologia, nos últimos 52 anos*. Jun. [2000]. (Arquivos da Ermida de N.ª Sr.ª da Piedade. Cópia no arquivo do A).

JOFFYLI, Frei Rosário. [Entrevista concedida a] J.C. Vargens Tambasco. Serra da Piedade, 11 set. 1993. Cópias no arquivo do Santuário de N.ª Sr.ª da Piedade.

JOFFILY, Frei Rosário; GALANTINI, Benedito Epifânio; SOARES, Jorge de Oliveira; FILHO, José Zanon; MACEDO, José Muniz. [Entrevista concedida a] J.C. Vargens Tambasco. Caeté, 4 fev. 2002.

JOFFILY, Frei Rosário. Ofício endereçado a Rodrigo de M. F. Andrade, diretor do Sphan, em 19 de outubro de 1956. (Arquivo da Ermida de N.ª Sr.ª da Piedade).

JOFFILY, Frei Rosário. [Entrevista cedida a] J.C. Vargens Tambasco. Serra da Piedade, 11 set. 1993.

JOÃO XXIII, Papa. *Mater et Magistra*. Encíclica.

MENEZES, Ivo Porto de. Cópias fotostáticas de documentos pesquisados no Arquivo Histórico Ultramarino – Portugal: Documentação sobre Minas Gerais, no ano de 1970. Caixa 21DO; maço 104: Pedido de provisão a El-Rei para esmolar e, com os resultados, acabar de construir a Ermida de N. S. da Piedade, em Caeté, datado de 26 de julho de 1773; outros documentos relativos à Ermida de N.ª Sr.ª da Piedade. (As cópias se encontram no arquivo da Ermida, na Serra da Piedade, em Caeté).

MENEZES, Ivo Porto de. *Ibidem*, Caixa 20DO - Maço 103: Petição enviada a El-Rei, e atendida em 1806, para a doação da área onde estava situada a Ermida.

MOTTA, Carlos C. de Vasconcelos. Carta ao Sr. Luís Adelmo Lodi e demais Diretores da CFB, em 04 de janeiro de 1955, tratando da mineração do Descoberto. (CeDiC, Belo Horizonte. Pasta: Paróquia de Nossa Senhora da Piedade).

OLIVEIRA, Benjamim Carreira de. *Guia de visitação da Igreja das Romarias*. Serra da Piedade. Caeté, 2001. (Trabalho ainda não dado à publicação. Arquivo da Ermida de N.ª Sr.ª da Piedade).

PÈZERAT, M. Cartas datada de 18 de janeiro de 1938 e de 16 de dezembro de 1940, destinada a M. Maigné, Diretor Geral da Companhia Ferro Brasileiro- Caeté, sob os títulos: "Carta de M. Pezerat a M. Maigné, em 18.01.38"; "Exploração das minas compradas pela Companhia Ferro Brasileiro"; "Minas de ferro-Ferro Brasileiro-Serra da Piedade"; "Mina do Gongo Soco-Tonelagem provável"; "Exploração do minério em Gongo Soco" Tratam de estudos sobre as possibilidades ainda exploráveis da mina de minério de ferro do Gongo Soco e das futuras possibilidades da mina do Descoberto;. Cópias no arquivo do autor (Assinale-se que os originais foram incinerados, em 1996, quando do encerramento das atividades da Usina Gorceix, em Caeté).

PINHEIRO, Domingos Evangelista; Monsenhor. *Memorial, em 08 de julho de 1910*. (Acervo do CeDiC, Cúria Metropolitana, em Belo Horizonte. Pasta: Serra da Piedade).

PIO XI, Papa. *Quadragésimo Anno*, Encíclica.

BRACARENA, Antonio da Silva. Testamento. In: *O Pioneiro da Serra da Piedade*. Belo Horizonte: Imprensa Oficial, 1967. p. 27.

2 – Fontes Secundárias

2.1 – Autores e livros

ARTE NOS SÉCULOS. São Paulo: Abril Cultural, 1969.

ÁVILA, Fernando Bastos de. *Pequena Enciclopédia da Doutrina Social da Igreja*. 2. ed. São Paulo: Edições Loyola, 1993.

BAZIN, Germain. *Historia Del Arte*. 2. ed. Barcelona: Ediciones Ômega, 1961.

BAZIN, Germain. *O Aleijadinho e a escultura barroca no Brasil*. Rio de Janeiro: Record, 1971.

BURKE, Edmund. *Uma investigação filosófica sobrea origem de nossas idéias do sublime e do belo*. São Paulo: Papirus – Editora da Unicamp, 1993.

CUNHA, Antonio Geraldo da. *Dicionário Etimológico Nova Fronteira da Língua Portuguesa*. 2. ed. Rio de Janeiro: Ed. Nova Fronteira, 1982.

DELLUC, Brigitte et Gilles. *Lascaux*. Art et Archeologie. La caverne peinte et gravée de Lascaux. Perigueux: Éditions du Périgord Noir, 1984.

ELIADE, Mircéa. *O Sagrado e o Profano*. São Paulo: Martins Fontes, 1992.

ENCICLOPÉDIAMIRADOR INTERNACIONAL. São Paulo: EBB,1996.

ENCICLOPÉDIA DOS MUSEUS. *Vol.: Louvre-Paris*. São Paulo: Melhoramentos/Mirador Internacional, [1967?].

KANDINSKY, N. Wassily. *Do Espiritual na Arte*. 2. ed. Porto: D. Quixote, 1991.

MENEZES, Ivo Porto de. Cópias fotostáticas de documentos pesquisados no Arquivo Histórico Ultramarino – Portugal: Documentação sobre Minas Gerais, no ano de 1970. Caixa 21DO; maço 104:Pedido de provisão a El-Rei para esmolar e, com os resultados, acabar de construir a Ermida de N.ª Sr.ª da Piedade, em Caeté, datado de 26 de julho de 1773;

outros documentos relativos à Ermida de N.ª Sr.ª da Piedade. (As cópias se encontram no arquivo da Ermida, na Serra da Piedade, em Caeté).

MONTLAUR, Jean de. *Sur la trace dês Bandeirantes*. Paris: Edit.Françaises Illustrée, 1918.

OLIVEIRA, Benjamim Carreira de. *Guia de visitação da Igreja das Romarias*. Serra da Piedade. (Impresso artesanal). Caeté: Santuário de N.ª Sr.ª da Piedade, 2001.

PASTRO, Cláudio. *Arte Sacra – O Espaço Sagrado Hoje*. São Paulo: Ed. Loyola, 1993.

PISCHEL, Gina [1966].*História Universal da Arte*. São Paulo: Melhoramentos/Mirador Internacional, [1972?].

SOUZA, Joaquim Silvério. *Sítios e personagens*. Belo Horizonte: Imprensa Oficial, 1930.

TAMBASCO, J.C. V. *A Serra e o Santuário*. Nossa Senhora da Piedade do Caeté. Uma herança setecentista das minas do ouro. Belo Horizonte: Editora Terra, 2010.

2.2 – Revistas e Jornais

CONREXTO. São Paulo: [s. n.], 1977, n. 3, p. 41-67 (Monografia de Wilson Cano, sobre a economia do ouro em Minas Gerais, no sec. XVIII).

CORREIO OFICIAL DE MINAS GERAIS. Edição de 27 de janeiro de 1859. (Acervo da Hemeroteca do Arquivo Público Mineiro, em Belo Horizonte-MG).

ESTADO DE MINAS. Entrevista com Frei Rosário Joffyli. Belo Horizonte, edição de 14 de março de 1999. Caderno: "Fim de Semana".

ESTADO DE MINAS. Belo Horizonte, 30 de abril de 1971 *apud* MENEZES, Ivo Porto de *Nossa Senhora e a Serra da Piedade*. Caderno de Turismo.

O ESTADO DE SÃO PAULO. Edição de 29 de junho de 1948, p. 170. *O Aleijadinho Imaginário*.

O PIONEIRO DA SERRA DA PIEDADE. Belo Horizonte: Imp. Oficial de MG, 1967.

O PIONEIRO DA SERRA DA PIEDADE. Belo Horizonte: Imprensa Oficial, 1967.

REVISTA DO INSTITUTO HISTÓRICO E GEOGRÁFICO DE SÃO PAULO. São Paulo: IHGSP, [19--?], v. 5. (Monografia de autoridade Alberto Orville Derby, sobre o Sabarabuçu).

REVISTA DO INSTITUTO HISTÓRICO E GEOGRÁFICO BRASILEIRO. Rio de Janeiro: IHGB, 1879, v. 1. (Monografia sobre a expedição de Fernão Dias Paes, à Serra das Esmeraldas).

30 DIAS NA IGREJA E NO MUNDO. Roma: Trenta Giorni Soc, Coop., 1993. *Revista mensal de assuntos católicos*, ano 7, n. 6. (Artigo sobre recomendações construtivas de templos católicos).